De profundis / La balada de la cárcel de Reading

Oscar Wilde

De profundis
La balada de la cárcel de Reading

Nueva traducción al español
traducido del inglés por Guillermo Tirelli

Rosetta Edu

Título original: *De Profundis / The Ballad of Reading Gaol*

Primera publicación: *De Profundis,* 1897. *The Ballad of Reading Gaol,*1898. Transcrito de la edición de 1913 de Methuen & Co.

Ilustración de tapa: Fotografía de la puerta de la celda de Oscar Wilde en la prisión de Reading.

Primera edición: Octubre 2023

Publicado por Rosetta Edu
Londres, Octubre 2023
www.rosettaedu.com

ISBN: 978-1-916939-10-3

Rosetta Edu

CLÁSICOS EN ESPAÑOL

Rosetta Edu presenta en esta colección libros clásicos de la literatura universal en nuevas traducciones al español, con un lenguaje actual, comprensible y fiel al original.

Las ediciones consisten en textos íntegros y las traducciones prestan especial atención al vocabulario, dado que es el mismo contenido que ofrecemos en nuestras célebres ediciones bilingües utilizadas por estudiantes avanzados de lengua extranjera o de literatura moderna.

Acompañando la calidad del texto, los libros están impresos sobre papel de calidad, en formato de bolsillo o tapa dura, y con letra legible y de buen tamaño para dar un acceso más amplio a estas obras.

Rosetta Edu
Londres
www.rosettaedu.com

DE PROFUNDIS

... El sufrimiento es un solo momento largo. No podemos dividirlo por estaciones, sólo podemos registrar sus estados de ánimo y hacer la crónica de su regreso. Con nosotros el tiempo en sí no progresa, gira, parece dar vueltas alrededor de un centro de dolor. La inmovilidad paralizante de una vida en la que cada circunstancia está regulada según un patrón inmutable, de modo que comemos y bebemos y nos acostamos y rezamos, o nos arrodillamos al menos para rezar, según las leyes inflexibles de una fórmula de hierro: esta cualidad inmóvil, que hace que cada espantoso día se parezca en el más mínimo detalle a su hermano, parece comunicarse a esas fuerzas externas cuya esencia misma es el cambio incesante. De la época de la siembra o de la cosecha, de los segadores inclinados sobre el maíz, o de los vendimiadores ensartando las vides, de la hierba en el huerto blanqueada por las flores rotas o sembrada de frutos caídos: de todo esto no sabemos ni podemos saber nada.

Para nosotros sólo hay una estación, la estación de la tristeza. El sol y la luna parecen habernos sido arrebatados. Fuera, el día puede ser azul y dorado pero la luz que se cuela por el grueso cristal de la pequeña ventana de barrotes de hierro bajo la que uno se sienta es gris y está ennegrecida. Siempre es crepúsculo en la celda de uno, como siempre es crepúsculo en el corazón de uno. Y en la esfera del pensamiento, no menos que en la esfera del tiempo, el movimiento ya no existe. Lo que tú personalmente has olvidado hace tiempo, o puedes olvidar fácilmente, me está sucediendo ahora y me volverá a suceder mañana. Recuerda esto y podrás comprender un poco por qué escribo, y de esta manera escribo...

Una semana más tarde, me trasladan aquí. Pasan tres meses más y mi madre muere. Nadie sabía lo profundamente que yo la amaba y la honraba. Su muerte fue terrible para mí; pero yo, otrora señor de la lengua, no tengo palabras para expresar mi angustia y mi vergüenza. Ella y mi padre me habían legado un nombre que habían convertido en noble y honrado, no sólo en la literatura, el arte, la arqueología y la ciencia, sino en la historia pública de mi propio país, en su evolución como nación. Yo había deshonrado eternamente ese nombre, lo había convertido en una palabra vulgar entre gente vulgar, lo había arrastrado por el fango mismo. Se lo había dado a los brutos para que lo convirtieran en brutal, y a los tontos para que lo convirtieran en sinónimo de locura.

Lo que sufrí entonces, y sigo sufriendo, no es para que lo escriba la pluma o lo registre el papel. Mi esposa, siempre amable y gentil conmigo, en lugar de que yo oyera la noticia de labios indiferentes, viajó, enferma como estaba, desde Génova hasta Inglaterra para comunicarme ella misma la noticia de una pérdida tan irreparable, tan irremediable. Me llegaron mensajes de condolencia de todos los que aún me tenían afecto. Incluso personas que no me habían conocido personalmente, al enterarse de que una nueva pena había irrumpido en mi vida, me escribieron para pedir que me transmitieran alguna expresión de su pésame...

Pasan tres meses. El calendario de mi conducta y trabajo diarios que cuelga en el exterior de la puerta de mi celda, con mi nombre y condena escritos en él, me dice que estamos en mayo... .

La prosperidad, el placer y el éxito pueden ser ásperos de grano y comunes en fibra pero la pena es la más sensible de todas las cosas creadas. No hay nada que se agite en todo el mundo del pensamiento por lo que la pena no vibre en terrible y exquisita pulsación. La delgada hoja batida de oro trémulo que relata la dirección de fuerzas que el ojo no puede ver es, en comparación, tosca. Es una herida que sangra cuando cualquier mano que no sea la del amor la toca e incluso entonces debe sangrar de nuevo, aunque no con dolor.

Donde hay dolor hay tierra santa. Algún día la gente se dará cuenta de lo que eso significa. No sabrán nada de la vida hasta que lo hagan, y naturalezas como la de él pueden darse cuenta de ello.

Cuando me bajaron de mi prisión al Tribunal de Quiebras, entre dos policías... esperó en el largo y lúgubre pasillo para que, ante toda la multitud, a la que una acción tan dulce y sencilla acallaba en silencio, él pudiera levantar gravemente el sombrero ante mí, mientras, esposado y con la cabeza inclinada, yo pasaba a su lado. Los hombres han ido al cielo por cosas más pequeñas que ésa.

Fue con ese espíritu y con ese modo de amar con el que los santos se arrodillaron para lavar los pies de los pobres o se inclinaron para besar al leproso en la mejilla. Nunca le he dicho ni una sola palabra sobre lo que hizo. No sé hasta el momento presente si es consciente siquiera de que yo fui consciente de su acción. No es una cosa por la que uno pueda dar las gracias con palabras formales. La guardo en el tesoro de mi corazón. La guardo allí como una deuda secreta que me alegra pensar que nunca podré pagar. Está embalsamada y se mantiene dulce por la mirra y la casia de muchas lágrimas. Cuando la sabiduría ha sido inútil para mí, la filosofía estéril y los proverbios y frases de quienes han tratado de darme consuelo como polvo y ceniza en mi boca, el recuerdo de ese pequeño, encantador y silencioso acto de amor ha quitado el precinto de todos los pozos de la piedad: ha hecho florecer el desierto como una rosa y me ha sacado de la amargura del exilio solitario para ponerme en armonía con el corazón herido, roto y grande del mundo.

Cuando la gente sea capaz de comprender, no sólo lo hermosa que fue la acción de ... sino por qué significó tanto para mí y siempre significará tanto, entonces, quizás, se darán cuenta de cómo y con qué espíritu deben acercarse a mí...

Los pobres son más sabios, más caritativos, más amables, más sensibles que nosotros. A sus ojos, la prisión es una tragedia en la vida de un hombre, una desgracia, una casualidad, algo que reclama la simpatía de los demás. Hablan de alguien que está en la cárcel como de alguien que simplemente está «en apuros». Es la frase que utilizan siempre y la expresión tiene la perfecta sabiduría del amor en ella. Con la gente de nuestro rango es diferente.

Con nosotros, la cárcel convierte a un hombre en un paria. Yo, tal como soy, apenas tengo derecho al aire y al sol. Nuestra presencia empaña los placeres de los demás. No somos bienvenidos cuando reaparecemos. Volver a visitar los destellos de la luna no es para nosotros. Nos arrebatan a nuestros propios hijos. Esos encantadores vínculos con la humanidad se rompen. Estamos condenadas a la soledad, mientras nuestros hijos aún viven. Se nos niega lo único que podría curarnos y mantenernos, lo que podría traer bálsamo al corazón magullado y paz al alma en pena...

Debo decirme a mí mismo que me arruiné y que nadie, grande o pequeño, puede arruinarse si no es por su propia mano. Estoy dispuesto a decirlo. Intento decirlo, aunque no lo piensen en este momento. Esta despiadada acusación la formulo sin piedad contra mí mismo. Por terrible que fuera lo que el mundo me hizo, lo que me hice a mí mismo fue mucho más terrible aún.

Yo era un hombre que mantenía relaciones simbólicas con el arte y la cultura de mi época. Me había dado cuenta de ello en los albores mismos de mi virilidad y había obligado a mi época a darse cuenta de ello después. Pocos hombres ocupan una posición semejante en vida y se les reconoce en tal manera. Suele discernirla, si es que la discierne, el historiador, o el crítico, mucho después de que tanto el hombre como su época hayan perimido. Conmigo fue diferente. Yo mismo lo sentí e hice que otros lo sintieran. Byron era una figura simbólica pero sus relaciones eran con la pasión de su época y su cansancio de la pasión. Las mías eran con algo más noble, más permanente, un asunto más vital, de mayor alcance.

Los dioses me lo habían dado casi todo. Pero me dejé llevar por largas rachas de desenfado sensual y sin sentido. Me divertí siendo un *flâneur*, un dandy, un hombre de moda. Me rodeé de las naturalezas más pequeñas y las mentes más mezquinas. Me convertí en el derrochador de mi propio genio, y malgastar una eterna juventud me proporcionaba una curiosa alegría. Cansado de estar en las alturas, fui deliberadamente a las profundidades en busca de nuevas sensaciones. Lo que la paradoja era para mí en la esfera del pensamiento, la perversidad se convirtió para mí en la esfera de la pasión. El deseo, al final, era una enfermedad, o una locura, o ambas cosas. Me volví despreocupado de la vida de los demás. Me complacía donde me complacía y seguía adelante. Olvidé que cada pequeña acción en el día común hace o deshace el carácter y que, por lo tanto, lo que uno ha hecho en el secreto de su habitación tiene algún día que gritarlo en voz alta sobre el techo de su casa. Dejé de ser señor de mí mismo. Ya no era el capitán de mi alma y no lo sabía. Dejé que el placer me dominara. Acabé en una horrible desgracia. Ahora sólo me queda una cosa: la humildad absoluta.

He permanecido en prisión durante casi dos años. De mi naturaleza ha surgido una desesperación salvaje, un abandono a la pena que daba lástima incluso mirarla, una rabia terrible e impotente, amargura y desprecio, angustia que lloraba en voz alta, miseria que no encontraba voz, pena que enmudecía. He pasado por todos los estados de ánimo posibles del sufrimiento. Mejor que el propio Wordsworth sé lo que Wordsworth quiso decir cuando dijo,

«El sufrimiento es permanente, oscuro y tenebroso
    y tiene la naturaleza del infinito».

Pero aunque hubo momentos en los que me regocijé con la idea de que mis sufrimientos iban a ser interminables, no podía soportar que carecieran de sentido. Ahora encuentro escondido en algún lugar de mi naturaleza algo que me dice que nada en el mundo entero carece de sentido y el sufrimiento menos que nada. Ese algo escondido en mi naturaleza, como un tesoro en un campo, es la Humildad.

Es lo último que queda en mí y lo mejor: el último descubrimiento al que he llegado, el punto de partida para un nuevo desarrollo. Me ha llegado directamente de mí mismo, por lo que sé que ha llegado en el momento oportuno. No podía haber llegado antes, ni después. Si alguien me hubiera hablado de ello, lo habría rechazado. Si me lo hubieran traído, lo habría rechazado. Tal como lo encontré, quiero conservarlo, debo hacerlo. Es lo único que tiene en sí los elementos de la vida, de una nueva vida, *vita nuova* para mí. De todas las cosas, es la más extraña. Uno no puede adquirirla, salvo renunciando a todo lo que tiene. Sólo cuando uno ha perdido todas las cosas, sabe que la posee.

Ahora que me he dado cuenta de que está en mí, veo con bastante claridad lo que tengo que hacer; de hecho, lo que debo hacer. Y cuando utilizo una frase como esa, no necesito decir que no estoy aludiendo a ninguna sanción o mandato externo. No admito ninguno. Soy mucho más individualista de lo que nunca fui. Nada me parece del menor valor excepto lo que uno saca de sí mismo. Mi naturaleza busca un nuevo modo de autorrealización. Eso es todo lo que me preocupa. Y lo primero que tengo que hacer es liberarme de cualquier posible amargura de sentimientos contra el mundo.

Estoy completamente sin un penique y absolutamente desamparado. Sin embargo, hay cosas peores en el mundo que eso. Soy muy sincero cuando digo que antes que salir de esta prisión con amargura en mi corazón contra el mundo, mendigaría gustoso y de buena gana mi pan de puerta en puerta. Si no obtengo nada de la casa del rico, obtendré algo en la casa del pobre. Los que tienen mucho suelen ser avaros; los que tienen poco siempre comparten. No me importaría en absoluto dormir en la fresca hierba en verano y cuando llegue el invierno cobijarme junto al cálido almiar de paja o bajo el ático de un gran granero, siempre que tuviera amor en mi corazón. Ahora, las cosas externas de la vida no me parecen importantes. Puedes ver a qué intensidad de individualismo he llegado... o estoy llegando más bien, pues el viaje es largo, y «por donde camino hay espinas».

Por supuesto, sé que pedir limosna en la carretera no va a ser mi suerte y que si alguna vez me acuesto en la fresca hierba por la noche será para escribir sonetos a la luna. Cuando salga de la cárcel, R... me estará esperando al otro lado de la gran reja tachonada de hierro y él es el símbolo, no sólo de su propio afecto, sino del afecto de muchos otros. Creo que tendré lo suficiente para vivir durante unos dieciocho meses como mínimo, de modo que si no puedo escribir libros hermosos, al menos podré leer libros hermosos; ¿y qué alegría puede ser mayor? Después de eso, espero poder recrear mi facultad creadora.

Pero si las cosas fueran diferentes: si no me quedara ni un amigo en el mundo, si no hubiera ni una sola casa abierta a mi compasión, si tuviera que aceptar la cartera y la capa raída de la pura penuria: mientras esté libre de todo resentimiento, dureza y desprecio, podría enfrentarme a la vida con mucha más calma y confianza de lo que lo haría si mi cuerpo estuviera vestido de púrpura y lino fino y el alma dentro de mí enferma de odio.

Y realmente no tendré ninguna dificultad. Cuando desees realmente el amor, lo encontrarás esperándote.

No necesito decir que mi tarea no termina ahí. Sería comparativamente fácil si así fuera. Hay mucho más ante mí. Tengo colinas mucho más empinadas que escalar, valles mucho más oscuros que atravesar. Y tengo que sacarlo todo de mí mismo. Ni la religión, ni la moral, ni la razón pueden ayudarme en absoluto.

La moral no me ayuda. Soy un antinomiano nato. Soy de los que están hechos para las excepciones, no para las leyes. Pero aunque veo que no hay nada malo en lo que uno hace, veo que hay algo malo en lo que uno llega a ser. Es bueno haberlo aprendido.

La religión no me ayuda. La fe que otros dan a lo que no se ve, yo la doy a lo que se puede tocar y mirar. Mis dioses moran en templos hechos con manos y dentro del círculo de la experiencia real mi credo se hace perfecto y completo: demasiado completo, puede ser, pues como muchos o todos los que han puesto su cielo en esta tierra, he encontrado en ella no sólo la belleza del cielo, sino también el horror del infierno. Cuando pienso en la religión en absoluto, siento como si quisiera fundar una orden para aquellos que *no* pueden creer: la Cofradía de los Sin Fe, podría llamarse, donde en un altar, en el que no ardiera ninguna vela, un sacerdote, en cuyo corazón no habitara la paz, pudiera celebrar con pan sin bendecir y un cáliz vacío de vino. Todo para ser verdadero debe convertirse en una religión. Y el agnosticismo debe tener su ritual no menos que la fe. Ha sembrado sus mártires, debe cosechar sus santos, y alabar a Dios diariamente por haberse ocultado al hombre. Pero ya sea la fe o el agnosticismo, no debe ser nada externo a mí. Sus símbolos deben ser de mi propia creación. Sólo es espiritual aquello que hace su propia forma. Si no puedo encontrar su secreto dentro de mí, nunca lo encontraré: si no lo tengo ya, nunca vendrá a mí.

La razón no me ayuda. Me dice que las leyes bajo las que estoy condenado son leyes erróneas e injustas y el sistema bajo el que he sufrido un sistema erróneo e injusto. Pero, de alguna manera, tengo que hacer que ambas cosas sean justas y correctas para mí. Y exactamente igual que en el Arte uno sólo se preocupa de lo que una cosa concreta es en un momento determinado para uno mismo, así ocurre también en la evolución ética del propio carácter. Tengo que hacer que todo lo que me ha sucedido sea bueno para mí. La cama de tablas, la comida repugnante, las cuerdas duras trituradas en roble hasta que las yemas de los dedos se embotan de dolor, los oficios serviles con los que empieza y termina cada día, las duras órdenes que la rutina parece necesitar, la vestimenta espantosa que hace que la pena sea grotesca a la vista, el silencio, la soledad, la vergüenza... todas y cada una de estas cosas tengo que transformarlas en una experiencia espiritual. No hay una sola degradación del cuerpo que no deba intentar convertir en una espiritualización del alma.

Quiero llegar al punto en que pueda decir con toda sencillez y sin afectación que los dos grandes momentos decisivos de mi vida fueron cuando mi padre me envió a Oxford y cuando la sociedad me envió a la cárcel. No diré que la cárcel es lo mejor que me ha podido pasar, porque esa frase tendría un sabor demasiado amargo hacia mí mismo. Preferiría decir, u oír decir de mí, que era un niño tan típico de mi edad, que en mi perversidad, y por esa perversidad, convertí las cosas buenas de mi vida en malas, y las cosas malas de mi vida en buenas.

Lo que se diga, sin embargo, por mí mismo o por otros, importa poco. Lo importante, lo que tengo ante mí, lo que tengo que hacer, si no quiero que el breve resto de mis días quede mutilado, estropeado e incompleto, es absorber en mi naturaleza todo lo que se me ha hecho, hacerlo parte de mí, aceptarlo sin quejas, miedos ni reticencias. El vicio supremo es la superficialidad. Lo que se realiza está bien.

Cuando me metieron en la cárcel por primera vez, algunas personas me aconsejaron que intentara olvidar quién era. Fue un consejo ruinoso. Sólo al darme cuenta de lo que soy he encontrado algún tipo de consuelo. Ahora otros me aconsejan que, al salir, intente olvidar que alguna vez he estado en la cárcel. Sé que eso sería igualmente fatal. Significaría que siempre me perseguiría una intolerable sensación de desgracia, y que aquellas cosas que están destinadas a mí tanto como a cualquier otra persona —la belleza del sol y la luna, el desfile de las estaciones, la música del amanecer y el silencio de las grandes noches, la lluvia cayendo a través de las hojas o el rocío arrastrándose sobre la hierba, haciéndola plateada— estarían todas manchadas para mí y perderían su poder curativo y su poder de comunicar alegría. Lamentar las propias experiencias es detener el propio desarrollo. Negar las propias experiencias es poner una mentira en boca de la propia vida. Es nada menos que una negación del alma.

Porque así como el cuerpo absorbe cosas de todo tipo, cosas comunes e impuras no menos que aquellas que el sacerdote o una visión han limpiado, y las convierte en rapidez o fuerza, en el juego de los músculos bellos y el moldeado de la carne hermosa, en las curvas y colores del cabello, los labios, el ojo; así el alma, a su vez, también tiene sus funciones nutritivas y puede transformar en nobles estados de ánimo de pensamiento y pasiones de gran importancia lo que en sí mismo es bajo, cruel y degradante; es más, puede encontrar en ellos sus modos más augustos de afirmación y a menudo puede revelarse más perfectamente a través de lo que se pretendía profanar o destruir.

El hecho de haber sido un preso común de una cárcel común debo aceptarlo francamente y, por curioso que parezca, una de las cosas que tendré que enseñarme a mí mismo es a no avergonzarme de ello. Debo aceptarlo como un castigo y, si uno se avergüenza de haber sido castigado, bien podría no haber sido castigado nunca. Por supuesto que hay muchas cosas por las que fui condenado que no había hecho, pero también hay muchas cosas por las que fui condenado que había hecho, y un número aún mayor de cosas en mi vida por las que nunca fui acusado en absoluto. Y como los dioses son extraños, y nos castigan tanto por lo que hay de bueno y humano en nosotros como por lo que hay de malo y perverso, debo aceptar el hecho de que uno sea castigado tanto por el bien como por el mal que hace. No me cabe duda de que es justo que así sea. Le ayuda a uno, o debería ayudarle, darse cuenta de ambas cosas, y no envanecerse demasiado de ninguna. Y si entonces no me avergüenzo de mi castigo, como espero no hacerlo, podré pensar, y caminar, y vivir con libertad.

Muchos hombres al salir de la cárcel se llevan su prisión a cuestas y la esconden como una desgracia secreta en sus corazones y, al final, como pobres cosas envenenadas, se arrastran hasta algún agujero y mueren. Es desdichado que tengan que hacerlo, y está mal, terriblemente mal, que la sociedad les obligue a ello. La sociedad se arroga el derecho de infligir un castigo atroz al individuo, pero también tiene el vicio supremo de la superficialidad y no se da cuenta de lo que ha hecho. Cuando termina el castigo del hombre, lo abandona a su suerte; es decir, lo abandona en el mismo momento en que comienza su más alto deber para con él. Se avergüenza realmente de sus propios actos y rehúye a aquellos a quienes ha castigado, como la gente rehúye a un acreedor cuya deuda no puede pagar, o a alguien a quien ha infligido un mal irreparable, irremediable. Puedo reclamar por mi parte que si me doy cuenta de lo que he sufrido, la sociedad se dé cuenta de lo que me ha infligido; y que no haya rencor ni odio por ninguna de las partes.

Por supuesto, sé que desde un punto de vista las cosas serán diferentes para mí que para los demás; de hecho, deben serlo, por la propia naturaleza del caso. Los pobres ladrones y parias que están encarcelados aquí conmigo son en muchos aspectos más afortunados que yo. El pequeño camino en la ciudad gris o en el campo verde que vio su pecado es pequeño; para encontrar a aquellos que no saben nada de lo que han hecho no necesitan ir más lejos de lo que un pájaro podría volar entre el crepúsculo y el amanecer; pero para mí el mundo está arrugado a un palmo y dondequiera que me vuelva mi nombre está escrito en las rocas en plomo. Porque he pasado, no de la oscuridad a la notoriedad momentánea del crimen, sino de una especie de eternidad de fama a una especie de eternidad de infamia, y a veces me parece haber demostrado, si es que era necesario demostrarlo, que entre lo famoso y lo infame no hay más que un paso, si acaso uno.

Sin embargo, en el hecho mismo de que la gente me reconozca dondequiera que vaya y sepa todo sobre mi vida, en cuanto a sus insensateces, puedo discernir algo bueno para mí. Me obligará a la necesidad de afirmarme de nuevo como artista y tan pronto como me sea posible. Si puedo producir una sola obra de arte hermosa, podré despojar a la malicia de su veneno y a la cobardía de su sorna y arrancar de raíz la lengua del desprecio.

Y si la vida es, como seguramente lo es, un problema para mí, yo no soy menos problema para la vida. La gente debe adoptar alguna actitud hacia mí y así emitir un juicio, tanto sobre sí misma como sobre mí. No hace falta que diga que no hablo de individuos concretos. Las únicas personas con las que me gustaría estar ahora son los artistas y la gente que ha sufrido: los que saben lo que es la belleza y los que saben lo que es la pena: nadie más me interesa. Tampoco estoy exigiendo nada de la vida. En todo lo que he dicho me preocupa simplemente mi propia actitud mental hacia la vida en su conjunto y siento que no avergonzarme de haber sido castigado es uno de los primeros puntos que debo alcanzar, por el bien de mi propia perfección y porque soy tan imperfecto.

Entonces, debo aprender a ser feliz. Antes lo sabía, o creía saberlo, por instinto. Siempre era primavera alguna vez en mi corazón. Mi temperamento era afín a la alegría. Llenaba mi vida hasta el borde de placer, como se llena una copa hasta el borde de vino. Ahora enfoco la vida desde un punto de vista completamente nuevo e incluso concebir la felicidad me resulta a menudo extremadamente difícil. Recuerdo que durante mi primer trimestre en Oxford leí en el *Renacimiento* de Pater —ese libro que ha tenido una influencia tan extraña en mi vida— cómo Dante rebaja en el Infierno a los que voluntariamente viven en la tristeza y recuerdo ir a la biblioteca del college y llegar al pasaje de la *Divina Comedia* en el que bajo el lóbrego pantano yacen los que eran «hoscos en el dulce aire», diciendo por los siglos de los siglos a través de sus suspiros:

«Tristi fummo Nell aer dolce che dal sol s'allegra».

Sabía que la Iglesia condenaba los *accidia*, pero toda la idea me parecía bastante fantástica, justo el tipo de pecado que, me imaginaba, inventaría un cura que no supiera nada de la vida real. Tampoco podía entender cómo Dante, que dice que «el dolor nos vuelve a casar con Dios», podía haber sido tan duro con los enamorados de la melancolía, si es que realmente existían. Ignoraba que algún día esto se convertiría para mí en una de las mayores tentaciones de mi vida.

Mientras estuve en la prisión de Wandsworth ansiaba morir. Era mi único deseo. Cuando después de dos meses en la enfermería me trasladaron aquí y me encontré cada vez mejor de salud física, me invadió la rabia. Decidí suicidarme el mismo día en que saliera de la cárcel. Al cabo de un tiempo se me pasó ese mal humor y me decidí a vivir pero para vestir la melancolía como un rey viste de púrpura: para no sonreír nunca más: para convertir cualquier casa en la que entrara en una casa de luto: para hacer que mis amigos caminaran lentamente en la tristeza conmigo: para enseñarles que la melancolía es el verdadero secreto de la vida: para mutilarlos con una pena ajena: para estropearlos con mi propio dolor. Ahora pienso de forma muy distinta. Veo que sería a la vez ingrato y poco amable por mi parte poner una cara tan larga que cuando mis amigos vinieran a verme tuvieran que poner caras aún más largas para mostrar su simpatía; o, si deseaba agasajarlos, invitarlos a sentarse en silencio a comer hierbas amargas y carnes fúnebres al horno. Debo aprender a estar alegre y feliz.

Las dos últimas ocasiones en que se me permitió ver a mis amigos aquí, traté de estar lo más alegre posible y de mostrar mi alegría con el fin de hacerles alguna pequeña devolución por su molestia en venir desde la ciudad para verme. Es sólo una pequeña devolución, lo sé, pero es la que, estoy seguro, más les agrada. Vi a R… durante una hora el sábado y traté de dar la expresión más completa posible del deleite que realmente sentí en nuestro encuentro. Y que, en los puntos de vista e ideas que estoy aquí dando forma para mí, estoy bastante en lo cierto, me lo demuestra el hecho de que ahora, por primera vez desde mi encarcelamiento, tengo un verdadero deseo de vivir.

Tengo ante mí tanto por hacer que consideraría una terrible tragedia si muriera antes de que se me permitiera completar al menos un poco de ello. Veo nuevos desarrollos en el arte y en la vida, cada uno de los cuales es un nuevo modo de perfección. Anhelo vivir para poder explorar lo que para mí es nada menos que un mundo nuevo. ¿Quieres saber cuál es ese mundo nuevo? Creo que puedes adivinarlo: es el mundo en el que he estado viviendo. El dolor, pues, y todo lo que le enseña a uno, es mi mundo nuevo.

Yo vivía enteramente para el placer. Rehuía el sufrimiento y la pena de todo tipo. Los odiaba a ambos. Resolví ignorarlos en la medida de lo posible: tratarlos, es decir, como modos de imperfección. No formaban parte de mi esquema de vida. No tenían cabida en mi filosofía. Mi madre, que conocía la vida en su totalidad, solía citarme a menudo los versos de Goethe —escritos por Carlyle en un libro que le había regalado hacía años, y traducidos también por él, me imagino—:

«Quien nunca comió su pan con tristeza, Quien nunca pasó las horas de medianoche Llorando y esperando el mañana... No los conoce, ustedes poderes celestiales».

Eran las líneas que aquella noble reina de Prusia, a la que Napoleón trató con tan grosera brutalidad, solía citar en su humillación y exilio; eran las líneas que mi madre citaba a menudo en relación a los problemas de su vida posterior. Yo me negaba rotundamente a aceptar o admitir la enorme verdad que se escondía en ellas, no podía comprenderla. Recuerdo muy bien cómo solía decirle que no quería comer mi pan con tristeza, ni pasar ninguna noche llorando y esperando un amanecer más amargo.

Ignoraba que era una de las cosas especiales que el Destino me tenía reservadas: que durante todo un año de mi vida, de hecho, iba a ser mi ocupación. Pero así se ha repartido mi porción conmigo y, durante los últimos meses, tras terribles dificultades y luchas, he podido comprender algunas de las lecciones ocultas en el corazón del dolor. Los clérigos y la gente que utilizan frases sin sabiduría hablan a veces del sufrimiento como de un misterio. En realidad es una revelación. Uno discierne cosas que nunca antes había discernido. Uno aborda toda la historia desde un punto de vista diferente. Lo que uno había sentido tenuemente, por instinto, sobre el arte, se realiza intelectual y emocionalmente con perfecta claridad de visión y absoluta intensidad de aprehensión.

Ahora veo que el dolor, al ser la emoción suprema de la que es capaz el hombre, es a la vez el tipo y la prueba de todo gran arte. Lo que el artista busca siempre es el modo de existencia en el que alma y cuerpo son uno e indivisibles: en el que lo exterior es expresivo de lo interior: en el que la forma revela. De tales modos de existencia hay no pocos: la juventud y las artes preocupadas por la juventud pueden servirnos de modelo en un momento dado: en otro nos puede gustar pensar que, en su sutileza y sensibilidad de impresión, su sugerencia de un espíritu que habita en las cosas externas y que hace su vestidura de tierra y aire, de niebla y ciudad por igual, y en su mórbida simpatía de sus estados de ánimo, y tonos, y colores, el arte paisajístico moderno está realizando para nosotros pictóricamente lo que los griegos realizaron en tal perfección plástica. La música, en la que todo el sujeto está absorbido por la expresión y no puede separarse de ella, es un ejemplo complejo, y una flor o un niño un ejemplo sencillo, de lo que quiero decir; pero el dolor es el tipo supremo tanto en la vida como en el arte.

Detrás de la alegría y la risa puede haber un temperamento tosco, duro e insensible. Pero detrás de la pena siempre hay pena. El dolor, a diferencia del placer, no lleva máscara. La verdad en el arte no es ninguna correspondencia entre la idea esencial y la existencia accidental; no es la semejanza de la forma con la sombra o de la forma reflejada en el cristal con la forma misma; no es ningún eco procedente de una colina hueca, como tampoco es un pozo de agua plateada en el valle que muestra la luna a la luna y Narciso a Narciso. La verdad en el arte es la unidad de una cosa consigo misma: lo exterior convertido en expresivo de lo interior: el alma encarnada: el cuerpo instintivo con el espíritu. Por eso no hay verdad comparable a la pena. Hay momentos en los que el dolor me parece la única verdad. Otras cosas pueden ser ilusiones del ojo o del apetito, hechas para cegar al uno y empalagar al otro, pero del dolor se han construido los mundos, y en el nacimiento de un niño o de una estrella hay dolor.

Más que eso, hay en el dolor una realidad intensa, extraordinaria. He dicho de mí mismo que era alguien que estaba en relación simbólica con el arte y la cultura de mi época. No hay un solo desgraciado en este lugar miserable junto a mí que no esté en relación simbólica con el secreto mismo de la vida. Porque el secreto de la vida es el sufrimiento. Es lo que se oculta detrás de todo. Cuando empezamos a vivir, lo dulce nos resulta tan dulce y lo amargo tan amargo, que inevitablemente dirigimos todos nuestros deseos hacia los placeres y buscamos no sólo durante un «mes o dos alimentarnos de panal de miel» sino durante todos nuestros años no probar ningún otro alimento, ignorando todo el tiempo que en realidad podemos estar matando de hambre al alma.

Recuerdo haber hablado una vez sobre este tema con una de las personalidades más hermosas que he conocido: una mujer, cuya simpatía y noble bondad hacia mí, tanto antes como después de la tragedia de mi encarcelamiento, han estado más allá del poder y la descripción; una que realmente me ha ayudado, aunque ella no lo sabe, a soportar la carga de mis problemas más de lo que lo ha hecho cualquier otra persona en el mundo entero y todo por el mero hecho de su existencia, por ser lo que es: en parte un ideal y en parte una influencia: una sugerencia de lo que uno podría llegar a ser, así como una ayuda real para llegar a serlo; un alma que torna dulce el aire común y hace que lo espiritual parezca tan sencillo y natural como la luz del sol o el mar: alguien para quien la belleza y el dolor caminan de la mano y traen el mismo mensaje. En la ocasión en la que estoy pensando recuerdo claramente cómo le dije que había suficiente sufrimiento en una estrecha callejuela de Londres para demostrar que Dios no amaba al hombre y que dondequiera que hubiera alguna pena, aunque no fuera más que la de un niño, en algún jardincillo llorando por una falta que hubiera o no cometido, toda la faz de la creación quedaba completamente empañada. Estaba completamente equivocado. Ella me lo dijo, pero yo no podía creerlo. No me encontraba en la esfera en la que se podía llegar a tal creencia. Ahora me parece que el amor de algún tipo es la única explicación posible de la extraordinaria cantidad de sufrimiento que hay en el mundo. No puedo concebir ninguna otra explicación. Estoy convencido de que no hay otra y de que si el mundo ha sido efectivamente, como he dicho, construido de dolor, lo ha sido por las manos del amor, porque de ninguna otra manera podría el alma del hombre, para quien el mundo fue hecho, alcanzar la plena estatura de su perfección. Placer para el cuerpo bello, pero dolor para el alma bella.

Cuando digo que estoy convencido de estas cosas hablo con demasiado orgullo. A lo lejos, como una perla perfecta, se ve la ciudad de Dios. Es tan maravillosa que parece como si un niño pudiera alcanzarla en un día de verano. Y un niño podría. Pero conmigo y con gente como yo es diferente. Uno puede darse cuenta de una cosa en un solo momento, pero la pierde en las largas horas que siguen con pies de plomo. Es tan difícil mantener «las alturas que el alma es competente para ganar. Pensamos en la eternidad, pero nos movemos lentamente en el tiempo; y no necesito volver a hablar de la lentitud con la que transcurre el tiempo para los que estamos en prisión, ni del cansancio y la desesperación que vuelven a entrar en la celda de uno, y en la celda de su corazón, con una insistencia tan extraña que uno tiene, por así decirlo, que adornar y barrer su casa para su llegada, como para un huésped inoportuno, o un amo amargado, o un esclavo cuya esclavitud uno tiene la suerte o la elección de ser.

Y, aunque en estos momentos a mis amigos les cueste creerlo, no deja de ser cierto que para ellos, que viven en libertad, ociosos y cómodos, es más fácil aprender las lecciones de la humildad que para mí, que empiezo el día arrodillándome y lavando el suelo de mi celda. Porque la vida en la cárcel, con sus interminables privaciones y restricciones, le vuelve a uno rebelde. Lo más terrible de ello no es que le rompa a uno el corazón —los corazones están hechos para romperse—, sino que le convierte a uno el corazón en piedra. Y quien se encuentra en estado de rebeldía no puede recibir la gracia, por usar la frase a la que la Iglesia es tan aficionada —me atrevería a decir que tan acertadamente aficionada—, porque en la vida como en el arte, el estado de ánimo de rebeldía cierra los canales del alma y apaga los aires del cielo. Sin embargo, debo aprender estas lecciones aquí, si he de aprenderlas en alguna parte, y debo llenarme de alegría si mis pies están en el camino correcto y mi rostro dirigido hacia «la puerta que se llama hermosa», aunque pueda caer muchas veces en el fango y a menudo extraviarme en la niebla.

Esta Nueva Vida, como por mi amor a Dante me gusta llamarla a veces, no es, por supuesto, una vida nueva en absoluto, sino simplemente la continuación, mediante el desarrollo y la evolución, de mi vida anterior. Recuerdo que cuando estaba en Oxford le dije a uno de mis amigos, mientras paseábamos por los estrechos paseos de Magdalen, acechados por los pájaros, una mañana del año anterior a licenciarme, que quería comer del fruto de todos los árboles del jardín del mundo y que iba a salir al mundo con esa pasión en el alma. Y así, en efecto, salí, y así viví. Mi único error fue limitarme tan exclusivamente a los árboles de lo que me parecía el lado iluminado por el sol del jardín y rehuir el otro lado por su sombra y su penumbra. El fracaso, la desgracia, la pobreza, la pena, la desesperación, el sufrimiento, incluso las lágrimas, las palabras rotas que salen de los labios en el dolor, el remordimiento que hace caminar sobre espinas, la conciencia que condena, el autodesprecio que castiga, la miseria que pone cenizas sobre su cabeza, la angustia que elige tela de saco por vestidura y en su propia bebida pone hiel: todas éstas eran cosas de las que tenía miedo. Y como me había propuesto no saber nada de ellas, me vi obligado a probar cada una de ellas por turno, a alimentarme de ellas, a no tener durante una temporada, de hecho, ningún otro alimento en absoluto.

No me arrepiento ni por un momento de haber vivido para el placer. Lo hice al máximo, como se debe hacer todo lo que se hace. No hubo placer que no experimentara. Eché la perla de mi alma en una copa de vino. Bajé por el sendero de la prímula al son de las flautas. Viví a base de panales. Pero haber continuado la misma vida habría sido un error porque me habría limitado. Tuve que seguir adelante. La otra mitad del jardín también tenía sus secretos para mí. Por supuesto, todo esto está presagiado y prefigurado en mis libros. Parte de ello está en *El prínci-pe feliz*, parte en *El joven rey*, sobre todo en el pasaje en el que el obispo le dice al muchacho arrodillado: «¿No es más sabio que tú Aquel que hizo la miseria?», una frase que cuando la escribí me parecía poco más que una frase; gran parte de ella está escondida en la nota de fatalidad que como un hilo púrpura recorre la textura de *Dorian Gray*; en *El crítico como artista* está expuesta en muchos colores; en *El alma del hombre* está escrita, y en letras demasiado fáciles de leer; es uno de los estribillos cuyos motivos recurrentes hacen de *Salomé* una pieza musical y la unen como una balada; en el poema en prosa del hombre que del bronce de la imagen del «Placer que vive un momento» tiene que hacer la imagen del «Dolor que permanece para siempre» está encarnado. No podía ser de otro modo. En cada momento de la vida uno es lo que va a ser no menos que lo que ha sido. El arte es un símbolo, porque el hombre es un símbolo.

Es, si puedo alcanzarla plenamente, la realización última de la vida artística. Pues la vida artística es simplemente autodesarrollo. La humildad en el artista es su franca aceptación de todas las experiencias, del mismo modo que el amor en el artista es simplemente el sentido de la belleza que revela al mundo su cuerpo y su alma. En *Marius, el epi-cúreo* Pater intenta reconciliar la vida artística con la vida religiosa, en el sentido profundo, dulce y austero de la palabra. Pero Marius es poco más que un espectador: un espectador ideal, ciertamente, y a quien le es dado «contemplar el espectáculo de la vida con emociones apropia-das», que Wordsworth define como el verdadero objetivo del poeta; pero un espectador meramente... y quizá un poco demasiado ocupado con la belleza de los bancos del santuario para darse cuenta de que es el san-tuario del dolor lo que está contemplando.

Veo una conexión mucho más íntima e inmediata entre la verdadera vida de Cristo y la verdadera vida del artista y me complace mucho la re-flexión de que mucho antes de que el dolor hiciera suyos mis días y me atara a su rueda, yo había escrito en *El alma del hombre* que quien quisie-ra llevar una vida semejante a la de Cristo debía ser total y absolutamen-te él mismo y había tomado como tipos no sólo al pastor en la ladera y al prisionero en su celda, sino también al pintor para quien el mundo es un desfile y al poeta para quien el mundo es una canción.Recuerdo ha-berle dicho una vez a André Gide, mientras estábamos sentados juntos en algún *café* de París, que aunque la metafísica tenía para mí muy poco interés real, y la moral absolutamente ninguno, no había nada que Pla-tón o Cristo hubieran dicho que no pudiera trasladarse inmediatamente a la esfera del Arte y encontrar allí su completa realización.

No es sólo que podamos discernir en Cristo esa estrecha unión de la personalidad con la perfección que constituye la verdadera distinción entre el movimiento clásico y el romántico en la vida, sino que la base misma de su naturaleza era la misma que la de la naturaleza del artista: una imaginación intensa y flamígera. Realizó en toda la esfera de las relaciones humanas esa simpatía imaginativa que en la esfera del Arte es el único secreto de la creación. Comprendió la lepra del leproso, la oscuridad del ciego, la feroz miseria de los que viven para el placer, la extraña pobreza del rico. Alguien me escribió apenado: «Cuando no estás en tu pedestal no eres interesante». Cuán alejado estaba el escritor de lo que Matthew Arnold llama «el Secreto de Jesús». Cualquiera le habría enseñado que lo que le sucede a otro le sucede a uno mismo, y si quieres una inscripción para leer al amanecer y al anochecer, y por placer o por dolor, escribe en las paredes de tu casa con letras para que el sol las dore y la luna las platee: «Lo que le sucede a uno le sucede a otro».

El lugar de Cristo es, en efecto, el de los poetas. Toda su concepción de la Humanidad surgió de la imaginación y sólo puede ser realizada por ella. Lo que Dios era para el panteísta, el hombre era para Él. Fue el primero en concebir las razas divididas como una unidad. Antes de su época había habido dioses y hombres y, sintiendo por el misticismo de la simpatía que en él se habían encarnado cada uno de ellos, se llama a sí mismo Hijo del uno o Hijo del otro, según su estado de ánimo. Más que nadie en la historia, él despierta en nosotros ese temperamento de asombro al que siempre apela el romanticismo. Todavía hay algo para mí casi increíble en la idea de un joven campesino galileo imaginando que podía soportar sobre sus propios hombros la carga del mundo entero; todo lo que ya se había hecho y sufrido, y todo lo que aún estaba por hacer y sufrir: los pecados de Nerón, de César Borgia, de Alejandro VI y del que fue Emperador de Roma y Sacerdote del Sol: los sufrimientos de aquellos cuyos nombres son legión y cuya morada está entre las tumbas: las nacionalidades oprimidas, los niños de las fábricas, los ladrones, los encarcelados, los parias, los que enmudecen bajo la opresión y cuyo silencio sólo Dios escucha; y no sólo imaginarlo sino lograrlo realmente, de modo que en el momento presente todos los que entran en contacto con su personalidad, aunque no se inclinen ante su altar ni se arrodillen ante su sacerdote, de alguna manera encuentran que se les quita la fealdad de su pecado y se les revela la belleza de su dolor.

Había dicho de Cristo que se cuenta entre los poetas. Es cierto. Shelley y Sófocles son de su compañía. Pero también su vida entera es el más maravilloso de los poemas. Porque «piedad y terror», no hay nada en todo el ciclo de la tragedia griega que pueda tocarlo. La pureza absoluta del protagonista eleva todo el esquema a una altura de arte romántico de la que los sufrimientos de Tebas y el linaje de Pélope quedan excluidos por su propio horror, y demuestra lo equivocado que estaba Aristóteles cuando dijo en su tratado sobre el drama que sería imposible soportar el espectáculo de alguien intachable en el dolor. Ni en Esquilo ni en Dante, esos severos maestros de la ternura, ni en Shakespeare, el más puramente humano de todos los grandes artistas, ni en todo el mito y la leyenda celtas, donde la belleza del mundo se muestra a través de una niebla de lágrimas y la vida de un hombre no es más que la vida de una flor, hay nada que, por la pura simplicidad del patetismo unido y hecho uno con la sublimidad del efecto trágico, pueda decirse que iguala o incluso se aproxima al último acto de la pasión de Cristo. La pequeña cena con sus compañeros, uno de los cuales ya le ha vendido por un precio; la angustia en el tranquilo jardín iluminado por la luna; el falso amigo que se le acerca para traicionarle con un beso; el amigo que aún creía en él, y sobre el que como sobre una roca había esperado construir una casa de refugio para el Hombre, negándole como el pájaro gritó a la aurora; su propia soledad absoluta, su sumisión, su aceptación de todo; y junto con todo ello escenas tales como el sumo sacerdote de la ortodoxia rasgando sus vestiduras con ira, y el magistrado de la justicia civil pidiendo agua con la vana esperanza de limpiarse de esa mancha de sangre inocente que lo convierte en la figura escarlata de la historia; la ceremonia de coronación del dolor, una de las cosas más maravillosas de todo el tiempo registrado; la crucifixión del Inocente ante los ojos de su madre y del discípulo a quien amaba; los soldados apostando y lanzando dados por sus ropas; la terrible muerte con la que dio al mundo su símbolo más eterno; y su entierro final en la tumba del hombre rico, su cuerpo envuelto en lino egipcio con especias y perfumes costosos como si hubiera sido el hijo de un rey. Cuando uno contempla todo esto sólo desde el punto de vista del arte, no puede sino estar agradecido de que el oficio supremo de la Iglesia sea la representación de la tragedia sin derramamiento de sangre: la presentación mística, por medio del diálogo y el vestuario e incluso el gesto, de la Pasión de su Señor; y siempre es para mí una fuente de placer y sobrecogimiento recordar que la supervivencia última del coro griego, perdido en otros lugares para el arte, se encuentra en el sirviente que responde al sacerdote en la misa.

Sin embargo, toda la vida de Cristo —tan enteramente pueden el dolor y la belleza hacerse uno en su significado y manifestación— es realmente un idilio, aunque termine con el velo del templo rasgado, y las tinieblas sobre la faz de la tierra, y la piedra rodada a la puerta del sepulcro. Uno siempre piensa en él como un joven novio con sus acompañantes, como de hecho se describe a sí mismo en alguna parte; como un pastor que recorre un valle con sus ovejas en busca de un prado verde o un arroyo fresco; como un cantor que intenta construir con la música los muros de la Ciudad de Dios; o como un amante para cuyo amor el mundo entero era demasiado pequeño. Sus milagros me parecen tan exquisitos como la llegada de la primavera, y tan naturales. No veo dificultad alguna en creer que tal era el encanto de su personalidad que su mera presencia podía traer la paz a las almas en angustia, y que aquellos que tocaban sus vestiduras o sus manos olvidaban su dolor; o que a su paso por la carretera de la vida personas que no habían visto nada del misterio de la vida, lo veían con claridad, y otras que habían sido sordas a toda voz que no fuera la del placer oían por primera vez la voz del amor y la encontraban tan «musical como el laúd de Apolo»; o que las malas pasiones huían al acercarse él, y hombres cuyas vidas aburridas y sin imaginación no habían sido más que un modo de muerte se levantaban como de la tumba cuando él los llamaba; o que, cuando enseñaba en la ladera de la colina, la multitud olvidaba su hambre y su sed y las preocupaciones de este mundo, y que a sus amigos que le escuchaban sentados a la mesa la comida grosera les parecía delicada, y el agua tenía el sabor del buen vino, y toda la casa se llenaba del olor y la dulzura del nardo.

Renan en su *Vie de Jesus* —ese gracioso quinto evangelio, el evangelio según Santo Tomás, podríamos llamarlo— dice en alguna parte que el gran logro de Cristo fue que se hizo amar tanto después de su muerte como lo había sido durante su vida. Y ciertamente, si su lugar está entre los poetas, es el líder de todos los amantes. Vio que el amor era el primer secreto del mundo que los sabios habían estado buscando, y que sólo a través del amor uno podía acercarse al corazón del leproso o a los pies de Dios.

Y por encima de todo, Cristo es el más supremo de los individualistas. La humildad, como lo artístico, la aceptación de todas las experiencias, no es más que un modo de manifestación. Es el alma del hombre lo que Cristo busca siempre. La llama «Reino de Dios» y la encuentra en cada uno. Lo compara con cosas pequeñas, con una semilla diminuta, con un puñado de levadura, con una perla. Eso es porque uno se da cuenta de su alma sólo al deshacerse de todas las pasiones ajenas, de toda la cultura adquirida y de todas las posesiones externas, ya sean buenas o malas.

Soporté todo con cierta terquedad de voluntad y mucha rebeldía de la naturaleza, hasta que no me quedó absolutamente nada en el mundo salvo una cosa. Había perdido mi nombre, mi posición, mi felicidad, mi libertad, mi riqueza. Era un prisionero y un indigente, pero aún me quedaban mis hijos. De repente, la ley me los arrebató. Fue un golpe tan atroz que no supe qué hacer, así que me arrodillé, incliné la cabeza, lloré y dije: «El cuerpo de un niño es como el cuerpo del Señor: no soy digno de ninguno de los dos». Ese momento pareció salvarme. Vi entonces que lo único que me convenía era aceptarlo todo. Desde entonces —por curioso que sin duda suene— he sido más feliz. Por supuesto, era a mi alma en su esencia última a la que había llegado. En muchos aspectos había sido su enemigo, pero la encontré esperándome como una amiga. Cuando uno entra en contacto con el alma, ésta le hace a uno sencillo como un niño, como Cristo dijo que debía ser.

Es trágico cuán pocas personas llegan a «poseer su alma» antes de morir. «Nada es más raro en un hombre», dice Emerson, «que un acto propio». Es muy cierto. La mayoría de las personas son otras personas. Sus pensamientos son las opiniones de otra persona, sus vidas un remedo, sus pasiones una cita. Cristo no sólo fue el individualista supremo, sino que fue el primer individualista de la historia. La gente ha intentado hacer de él un filántropo ordinario, o lo ha clasificado como un altruista junto a los científicos y los sentimentales, pero en realidad no era ni lo uno ni lo otro. Tiene piedad, por supuesto, por los pobres, por los que están encerrados en las cárceles, por los humildes, por los miserables; pero tiene mucha más piedad por los ricos, por los duros hedonistas, por los que malgastan su libertad convirtiéndose en esclavos de las cosas, por los que visten ropas suaves y viven en casas de reyes. La riqueza y el placer le parecían realmente tragedias mayores que la pobreza o el dolor. Y en cuanto al altruismo, ¿quién sabía mejor que él que es la vocación y no la volición lo que nos determina y que no se pueden recoger uvas de las espinas ni higos de los cardos?

Vivir para los demás como un objetivo autoconsciente definido no era su credo, no era la base de su credo. Cuando dice: «Perdona a tus enemigos», no lo dice por el bien del enemigo, sino por el bien propio, y porque el amor es más hermoso que el odio. En su propia súplica al joven: «Vende todo lo que tienes y dáselo a los pobres», no es en el estado de los pobres en lo que está pensando, sino en el alma del joven, el alma que la riqueza estaba estropeando. En su visión de la vida es uno con el artista que sabe que por la inevitable ley de la autoperfección, el poeta debe cantar, y el escultor pensar en bronce, y el pintor hacer del mundo un espejo para sus estados de ánimo, tan seguro y tan cierto como que el espino debe florecer en primavera, y el maíz convertirse en oro en tiempo de cosecha, y la luna en sus ordenados vagabundeos cambiar de escudo a hoz, y de hoz a escudo.

Pero aunque Cristo no dijo a los hombres: «Vivid para los demás», señaló que no había diferencia alguna entre la vida de los demás y la propia vida. Con ello dotó al hombre de una personalidad ampliada, titánica. Desde su venida, la historia de cada individuo por separado es, o puede llegar a ser, la historia del mundo. Por supuesto, la cultura ha intensificado la personalidad del hombre. El arte nos ha convertido en miríadas. Los que tienen el temperamento artístico se exilian con Dante y aprenden cuán salado es el pan de los demás, y cuán empinadas sus escaleras; captan por un momento la serenidad y la calma de Goethe, y sin embargo saben demasiado bien que Baudelaire clamó a Dios:

«O Seigneur, donnez moi la force et le courage
De contempler mon corps et mon coeur sans dégoût.»

De los sonetos de Shakespeare extraen, para su propio daño puede ser, el secreto de su amor y lo hacen suyo; miran con ojos nuevos la vida moderna, porque han escuchado uno de los nocturnos de Chopin, observado artefactos griegos o leído la historia de la pasión de algún hombre muerto por alguna mujer muerta cuyo cabello era como hilos de oro fino y cuya boca era como una granada. Pero la simpatía del temperamento artístico está necesariamente con lo que ha encontrado expresión. En palabras o en colores, en música o en mármol, detrás de las máscaras pintadas de una obra de Esquilo o a través de las cañas agujereadas y articuladas de unos pastores sicilianos, el hombre y su mensaje deben haberse revelado.

Para el artista, la expresión es el único modo bajo el cual puede concebir la vida en absoluto. Para él, lo que es mudo está muerto. Pero para Cristo no fue así. Con una amplitud y una maravilla de imaginación que casi lo llenan a uno de asombro, tomó todo el mundo de los inarticulados, el mundo sin voz del dolor, como su reino, e hizo de sí mismo su eterno portavoz. A aquellos de los que he hablado, que son mudos bajo la opresión, y «cuyo silencio sólo Dios oye», los eligió como sus hermanos. Trató de convertirse en ojos para los ciegos, en oídos para los sordos y en un grito en los labios de aquellos cuya lengua había sido atada. Su deseo era ser para las miríadas que no habían encontrado expresión una trompeta misma a través de la cual pudieran llamar al cielo. Y sintiendo, con la naturaleza artística de alguien para quien el sufrimiento y el dolor eran modos a través de los cuales podía realizar su concepción de lo bello, que una idea no tiene valor hasta que se encarna y se hace imagen, hizo de sí mismo la imagen del Varón de Dolores, y como tal ha fascinado y dominado el arte como ningún dios griego logró hacerlo jamás.

Pues los dioses griegos, a pesar del blanco y el rojo de sus bellos y veloces miembros, no eran realmente lo que parecían. La frente curvada de Apolo era como el disco creciente del sol sobre una colina al amanecer y sus pies eran como las alas de la mañana, pero él mismo había sido cruel con Marsias y había dejado sin hijos a Niobe. En los escudos de acero de los ojos de Atenea no había habido piedad por Aracne; la pompa y los pavos reales de Hera eran todo lo realmente noble que había en ella; y el propio Padre de los Dioses se había encariñado demasiado con las hijas de los hombres. Las dos figuras más profundamente sugestivas de la mitología griega eran, para la religión, Deméter, una diosa de la Tierra, no una de los olímpicos, y para el arte, Dioniso, el hijo de una mujer mortal para quien el momento de su nacimiento había resultado ser también el momento de su muerte.

Pero la vida misma, desde su esfera más baja y humilde, produjo a alguien mucho más maravilloso que la madre de Proserpina o el hijo de Sémele. Del taller del carpintero de Nazaret había surgido una personalidad infinitamente más grande que cualquiera de las creadas por el mito y la leyenda, y una, por extraño que parezca, destinada a revelar al mundo el significado místico del vino y las bellezas reales de los lirios del campo como nadie, ni en Citerón ni en Enna, lo había hecho jamás.

El cántico de Isaías: «Despreciado y desechado por los hombres, varón de dolores y experimentado en quebranto, y como si hubiéramos escondido de él el rostro», le había parecido que se prefiguraba a sí mismo y en él se cumplió la profecía. No debemos asustarnos ante semejante frase. Toda obra de arte es el cumplimiento de una profecía: pues toda obra de arte es la conversión de una idea en una imagen. Todo ser humano debe ser el cumplimiento de una profecía: pues todo ser humano debe ser la realización de algún ideal, ya sea en la mente de Dios o en la mente del hombre. Cristo encontró el tipo y lo fijó, y el sueño de un poeta virgiliano, ya fuera en Jerusalén o en Babilonia, se encarnó en el largo progreso de los siglos en aquel a quien el mundo esperaba.

En mi opinión, una de las cosas más lamentables de la historia es que no se permitiera que el propio renacimiento de Cristo, que produjo la catedral de Chartres, el ciclo de leyendas artúricas, la vida de San Francisco de Asís, el arte de Giotto y la *Divina Comedia* de Dante, se desarrollara según sus propias líneas, sino que fuera interrumpido y estropeado por el monótono Renacimiento clásico que nos dio a Petrarca, los frescos de Rafael, la arquitectura palladiana, la tragedia francesa formal, la catedral de San Pablo, la poesía de Pope y todo lo que se hace desde fuera y según reglas muertas y no surge desde dentro a través de algún espíritu que lo informa. Pero dondequiera que haya un movimiento romántico en el arte, de alguna manera, y bajo alguna forma, está Cristo, o el alma de Cristo. Está en *Romeo y Julieta*, en el *Cuento de Invierno*, en la poesía provenzal, en el *Viejo Marinero*, en *La Belle Dame sans merci* y en la *Balada de la Caridad* de Chatterton.

Le debemos las cosas y las personas más diversas. *Los Miserables* de Hugo, las *Fleurs du Mal* de Baudelaire, la nota de piedad en las novelas rusas, Verlaine y los poemas de Verlaine, los vitrales y tapices y la obra del quattro-cento de Burne-Jones y Morris, le pertenecen no menos que la torre de Giotto, Lancelot y Ginebra, «Tannhäuser», los atribulados mármoles románticos de Miguel Ángel, la arquitectura puntiaguda, y el amor por los niños y las flores, ya que en el arte clásico apenas había lugar para que crecieran o jugaran, pero que, desde el siglo XII hasta nuestros días, no han dejado de hacer su aparición en el arte, bajo diversas formas y en distintos momentos, de forma caprichosa y voluntaria, como suelen hacer los niños y las flores: la primavera siempre le parece a uno como si las flores hubieran estado escondidas y sólo hubieran salido al sol porque temían que la gente adulta se cansara de buscarlas y abandonara la búsqueda; y la vida de un niño no es más que un día de abril en el que hay tanto lluvia como sol para los narcisos.

Es la cualidad imaginativa de la propia naturaleza de Cristo lo que le convierte en este palpitante centro del romance. Las extrañas figuras del drama poético y de la balada están hechas por la imaginación de otros, pero de su propia imaginación se creó por completo Jesús de Nazaret. El grito de Isaías no tenía realmente más que ver con su venida de lo que el canto del ruiseñor tiene que ver con la salida de la luna; no más, aunque quizá tampoco menos. Él fue la negación así como la afirmación de la profecía. Por cada expectativa que cumplió hubo otra que destruyó. «En toda belleza», dice Bacon, «hay cierta extrañeza de proporción», y de aquellos que han nacido del espíritu, es decir, aquellos que como él son fuerzas dinámicas, Cristo dice que son como el viento que «sopla donde quiere y nadie puede decir de dónde viene ni hacia dónde va». Por eso es tan fascinante para los artistas. Tiene todos los elementos de color de la vida: misterio, extrañeza, patetismo, sugestión, éxtasis, amor.

Apela al temperamento del asombro y crea ese estado de ánimo en el que sólo él puede ser comprendido.

Y para mí es una alegría recordar que si él es «de imaginación todo compacto», el mundo mismo es de la misma sustancia. Yo dije en *Dorian Gray* que los grandes pecados del mundo tienen lugar en el cerebro: pero es en el cerebro donde todo tiene lugar. Ahora sabemos que no vemos con los ojos ni oímos con los oídos. Son realmente canales para la transmisión, adecuada o inadecuada, de las impresiones sensoriales. Es en el cerebro donde la amapola es roja, donde la manzana es fragante, donde la alondra canta.

Últimamente he estado estudiando con diligencia los cuatro poemas en prosa sobre Cristo. En Navidad conseguí un Testamento en griego y, cada mañana, después de limpiar mi celda y sacar brillo a mi vajilla de lata, leo un poco de los Evangelios, una docena de versos tomados al azar de cualquier parte. Es una forma deliciosa de empezar el día. Todo el mundo, incluso con una vida turbulenta y mal disciplinada, debería hacer lo mismo. La repetición interminable, una y otra vez, nos ha estropeado la frescura, la *naïveté*, el sencillo encanto romántico de los Evangelios. Los oímos leer con demasiada frecuencia y demasiado mal, y toda repetición es antiespiritual. Cuando uno vuelve a los griegos, es como entrar en un jardín de lirios saliendo de alguna casa estrecha y oscura.

Y para mí, el placer es doble por la reflexión de que es extremadamente probable que tengamos los términos reales, la *ipsissima verba*, utilizada por Cristo. Siempre se supuso que Cristo hablaba en arameo, incluso Renan lo pensaba. Pero ahora sabemos que los campesinos galileos, como los campesinos irlandeses de nuestros días, eran bilingües, y que el griego era la lengua ordinaria de las relaciones en toda Palestina, como de hecho en todo el mundo oriental. Nunca me gustó la idea de que conociéramos las propias palabras de Cristo sólo a través de una traducción de una traducción. Me deleita pensar que, en lo que respecta a su conversación, Cármides pudo haberle escuchado y Sócrates razonó con él y Platón le entendió: que realmente dijo γ″ εμιποιμνôκαλός: que cuando pensaba en los lirios del campo y en cómo ni trabajan ni hilan, su expresión absoluta fue καταμθετε τκρίνα τογροπς αξνει οκοπιοδνθει y que su última palabra cuando gritó «mi vida se ha completado, ha llegado a su plenitud, se ha perfeccionado», fue exactamente como San Juan nos dice que fue: τετλεσται: no más.

Si bien al leer los Evangelios —especialmente el del propio San Juan, o de cualquier gnóstico primitivo que tomara su nombre y manto— veo la continua afirmación de la imaginación como base de toda vida espiritual y material, veo también que para Cristo la imaginación era simplemente una forma de amor, y que para él el amor era el señor en el sentido más pleno de la frase. Hace unas seis semanas el médico me permitió comer pan blanco en lugar del tosco pan negro o integral de la comida ordinaria de la prisión. Es un gran manjar. Sonará extraño que el pan seco pueda ser un manjar para alguien. Para mí lo es tanto que al final de cada comida me como con cuidado las migas que puedan haber quedado en mi plato de hojalata, o que hayan caído sobre la toalla áspera que se utiliza como paño para no ensuciar la mesa; y no lo hago por hambre —ahora tengo comida más que suficiente— sino simplemente para que no se desperdicie nada de lo que se me da. Así hay que ver el amor.

Cristo, como todas las personalidades fascinantes, tenía el poder no sólo de decir cosas bellas él mismo, sino de hacer que otras personas le dijeran cosas bellas a él; y admiro la historia que San Marcos nos cuenta de la mujer griega que, cuando como prueba de su fe él le dijo que no podía darle el pan de los hijos de Israel, le contestó que los perritos —κυνρια, «perritos» debería traducirse— que están debajo de la mesa comen de las migajas que los niños dejan caer. La mayoría de la gente vive por amor y admiración, pero es por amor y admiración por lo que deberíamos vivir. Si se nos muestra algún amor, deberíamos reconocer que somos bastante indignos de él. Nadie es digno de ser amado. El hecho de que Dios ame al hombre nos muestra que en el orden divino de las cosas ideales está escrito que el amor eterno debe darse a lo que es eternamente indigno. O si esa frase nos parece amarga de soportar, digamos que todo el mundo es digno de amor, excepto aquel que piensa que lo es. El amor es un sacramento que debe tomarse de rodillas, y *Domine, non sum dignus* debe estar en los labios y en el corazón de quienes lo reciben.

Si alguna vez vuelvo a escribir, en el sentido de producir obras artísticas, sólo hay dos temas sobre los que y a través de los cuales deseo expresarme: uno es «Cristo como precursor del movimiento romántico en la vida», el otro es «La vida artística considerada en su relación con la conducta». El primero es, por supuesto, intensamente fascinante, pues veo en Cristo no sólo lo esencial del tipo romántico supremo, sino todos los accidentes, las veleidades incluso, del temperamento romántico. Fue la primera persona que dijo a la gente que debían vivir «vidas como flores». Él fijó la frase. Tomó a los niños como el tipo de lo que la gente debía tratar de llegar a ser. Los puso como ejemplo para sus mayores, lo que yo mismo siempre he pensado que es el principal uso de los niños, si es que lo que es perfecto debe tener un uso. Dante describe el alma de un hombre como salida de la mano de Dios «llorando y riendo como un niño pequeño», y Cristo también vio que el alma de cada uno debería ser una *guisa di fanciulla che piangendo e ridendo pargoleggia*. Él sentía que la vida era cambiante, fluida, activa y que permitir que se estereotipase en cualquier forma era la muerte. Veía que la gente no debía ser demasiado seria en cuanto a los intereses materiales y comunes: que ser poco práctico era ser una gran cosa: que no había que preocuparse demasiado por los asuntos. Los pájaros no lo hacían, ¿por qué habría de hacerlo el hombre? Es encantador cuando dice: «No penséis en el mañana; ¿no es el alma más que la carne? ¿no es el cuerpo más que el vestido?». Un griego podría haber utilizado esta última frase, está llena de sentimiento griego. Pero sólo Cristo podría haber dicho ambas cosas y resumir así la vida perfectamente para nosotros.

Su moral es toda simpatía, exactamente lo que debería ser la moral. Si lo único que hubiera dicho hubiera sido: «Se le perdonan sus pecados porque amó mucho», habría valido la pena morir por haberlo dicho. Su justicia es toda justicia poética, exactamente lo que debería ser la justicia. El mendigo va al cielo porque ha sido infeliz. No puedo concebir una razón mejor para que se le envíe allí. Las personas que trabajan durante una hora en la viña al fresco de la tarde reciben tanta recompensa como las que se han afanado allí todo el día bajo el sol ardiente. ¿Por qué no habrían de hacerlo? Probablemente nadie merecía nada. O tal vez eran una clase diferente de personas. Cristo no tenía paciencia con los aburridos sistemas» mecánicos sin vida que tratan a las personas como si fueran cosas y así tratan a todos por igual: ¡para él no había leyes: sólo había excepciones, como si alguien, o cualquier cosa, para el caso, fuera como cualquier otra cosa en el mundo!

Aquello que es la nota clave misma del arte romántico era para él la base propia de la vida natural. No veía otra base. Y cuando le trajeron a una, tomada en el acto mismo de pecar, y le mostraron su sentencia escrita en la ley, y le preguntaron qué había que hacer, escribió con el dedo en el suelo como si no les oyera, y finalmente, cuando volvieron a presionarle, levantó la vista y dijo: «Que aquel de vosotros que nunca haya pecado sea el primero en arrojarle la piedra», valió la pena vivir para haber dicho eso.

Como todas las naturalezas poéticas, amaba a la gente ignorante. Sabía que en el alma de un ignorante siempre hay lugar para una gran idea. Pero no soportaba a la gente estúpida, sobre todo a la que la educación vuelve estúpida: gente llena de opiniones de las que ni siquiera entiende uno, un tipo peculiarmente moderno, resumido por Cristo cuando lo describe como el tipo de quien tiene la llave del conocimiento, no puede usarla él mismo y no permite que otra gente la use, aunque se la haga para abrir la puerta del Reino de Dios. Su principal guerra fue contra los filisteos. Esa es la guerra que todo hijo de la luz tiene que librar. El filisteísmo era la nota de la época y de la comunidad en que vivió. En su pesada inaccesibilidad a las ideas, su aburrida respetabilidad, su tediosa ortodoxia, su culto al éxito vulgar, su entera preocupación por el burdo lado materialista de la vida y su ridícula estimación de sí mismos y de su importancia, los judíos de Jerusalén en tiempos de Cristo eran la contrapartida exacta del filisteo británico de los nuestros. Cristo se burló del «sepulcro blanqueado» de la respetabilidad y fijó esa frase para siempre. Trataba el éxito mundano como algo absolutamente despreciable. No veía nada en él. Consideraba la riqueza como un estorbo para el hombre. No quería oír que se sacrificara la vida a ningún sistema de pensamiento o moral. Señalaba que las formas y las ceremonias estaban hechas para el hombre, no el hombre para las formas y las ceremonias. Tomó el respeto por el sabbat como un tipo de las cosas que debían ser desechadas. Las frías filantropías, las ostentosas obras de caridad pública, los tediosos formalismos tan queridos por la mente de la clase media, los expuso con un desprecio total e implacable. Para nosotros, lo que se denomina ortodoxia no es más que una fácil aquiescencia poco inteligente; pero para ellos y en sus manos, era una tiranía terrible y paralizante. Cristo la anuló y demostró que sólo el espíritu tenía valor.Se complacía en señalarles que, aunque siempre estaban leyendo la ley y los profetas, en realidad ignoraban lo que significaba ninguno de ellos. En oposición a que diezmaran cada día por separado en la rutina fija de los deberes prescritos, como diezman la menta y la ruda, predicó la enorme importancia de vivir completamente el momento.

Aquellos a quienes salvó de sus pecados se salvan simplemente por momentos hermosos en sus vidas. María Magdalena, cuando ve a Cristo, rompe el rico jarrón de alabastro que uno de sus siete amantes le había regalado y derrama las especias olorosas sobre sus pies cansados y polvorientos y por ese único momento se sienta para siempre con Ruth y Beatriz en las trenzas de rosa blanca como la nieve del Paraíso. Todo lo que Cristo nos dice a modo de pequeña advertencia es que cada momento debe ser bello, que el alma debe estar siempre preparada para la llegada del esposo, esperando siempre la voz del amante, siendo el filisteísmo simplemente ese lado de la naturaleza del hombre que no está iluminado por la imaginación. Ve todas las influencias encantadoras de la vida como modos de luz: la imaginación misma es el mundo de la luz. El mundo está hecho por ella y sin embargo el mundo no puede comprenderla: eso es porque la imaginación es simplemente una manifestación del amor y es el amor y la capacidad para él lo que distingue a un ser humano de otro.

Pero es cuando trata con un pecador cuando Cristo es más romántico, en el sentido más real. El mundo siempre había amado al santo por ser la aproximación más cercana posible a la perfección de Dios. Cristo, por algún instinto divino en él, parece haber amado siempre al pecador por ser la aproximación más cercana posible a la perfección del hombre. Su deseo primordial no era reformar a la gente, como tampoco lo era aliviar el sufrimiento. Convertir a un interesante ladrón en un tedioso hombre honesto no era su objetivo. Habría pensado poco en la Sociedad de Ayuda a los Prisioneros y en otros movimientos modernos de ese tipo. La conversión de un publicano en fariseo no le habría parecido un gran logro. Pero de una manera que el mundo aún no comprendía, consideraba el pecado y el sufrimiento como cosas santas en sí mismas hermosas y modos de perfección.

Parece una idea muy peligrosa. Lo es: todas las grandes ideas son peligrosas. Que fue el credo de Cristo no admite duda. Que es el verdadero credo no lo dudo yo mismo.

Por supuesto que el pecador debe arrepentirse. ¿Pero por qué? Simplemente porque de lo contrario sería incapaz de darse cuenta de lo que ha hecho. El momento del arrepentimiento es el momento de la iniciación. Más que eso: es el medio por el que uno altera su pasado. Los griegos pensaban que eso era imposible. A menudo dicen en sus aforismos gnómicos: «Ni siquiera los dioses pueden alterar el pasado». Cristo demostró que el pecador más común podía hacerlo, que era lo único que podía hacer. Cristo, si le hubieran preguntado, habría dicho —me siento muy seguro de ello— que en el momento en que el hijo pródigo cayó de rodillas y lloró, convirtió el mal uso de su esencia con rameras, de su pastoreo de cerdos y de su hambre por las cáscaras que comían, en momentos hermosos y santos de su vida. Para la mayoría de la gente es difícil captar la idea. Me atrevería a decir que hay que ir a la cárcel para entenderla. Si es así, puede que merezca la pena ir a la cárcel.

Hay algo tan único en Cristo. Por supuesto, igual que hay falsos amaneceres antes del amanecer mismo y días de invierno tan llenos de repentina luz solar que engañarán al sabio azafrán para que derroche su oro antes de tiempo y harán que algún pájaro insensato llame a su pareja para que construya sobre ramas estériles, también hubo cristianos antes de Cristo. Por eso debemos estar agradecidos. Lo lamentable es que no ha habido ninguno desde entonces. Hago una excepción, San Francisco de Asís. Pero entonces Dios le había dado al nacer el alma de un poeta, como él mismo cuando era bastante joven había tomado en matrimonio místico a la pobreza como esposa: y con el alma de un poeta y el cuerpo de un mendigo no encontró difícil el camino hacia la perfección. Comprendió a Cristo y así se hizo como él. No necesitamos el *Liber Conformitatum* para enseñarnos que la vida de San Francisco fue la verdadera *Imitatio Christi*, un poema comparado con el cual el libro de ese nombre es mera prosa.

De hecho, ése es el encanto de Cristo, cuando todo está dicho: es como una obra de arte. En realidad no enseña nada pero al ser llevado a su presencia uno se convierte en algo. Y todo el mundo está predestinado a su presencia. Una vez al menos en su vida cada hombre camina con Cristo hacia Emaús.

En cuanto al otro tema, la relación de la vida artística con la conducta, sin duda te parecerá extraño que lo elija. La gente señala la cárcel de Reading y dice: «Ahí es donde la vida artística lleva a un hombre». Pues bien, podría llevar a lugares peores. Las personas más mecánicas, para las que la vida es una astuta especulación que depende de un cuidadoso cálculo de caminos y medios, siempre saben adónde van, y allí van. Empiezan con el deseo ideal de ser el monaguillo de la parroquia, y en cualquier esfera en la que se les coloque consiguen ser el monaguillo de la parroquia y nada más. Un hombre cuyo deseo es ser algo separado de sí mismo, ser miembro del Parlamento, o un tendero de éxito, o un abogado prominente, o un juez, o algo igualmente tedioso, invariablemente consigue ser lo que quiere ser. Ése es su castigo. Los que quieren una máscara tienen que ponérsela.

Pero con las fuerzas dinámicas de la vida y con aquellos en quienes esas fuerzas dinámicas se encarnan, es diferente. Las personas cuyo único deseo es la autorrealización nunca saben adónde van, no pueden saberlo. En un sentido de la palabra es necesario, por supuesto, como decía el oráculo griego, conocerse a sí mismo: ése es el primer logro del conocimiento. Pero reconocer que el alma de un hombre es incognoscible, es el logro último de la sabiduría. El misterio final es uno mismo. Cuando uno ha pesado el sol en la balanza y medido los pasos de la luna y cartografiado los siete cielos estrella por estrella, aún queda uno mismo. ¿Quién puede calcular la órbita de su propia alma? Cuando el hijo salió a buscar las asnas de su padre, no sabía que le esperaba un hombre de Dios con el crisma mismo de la coronación y que su propia alma era ya el alma de un rey.

Espero vivir lo suficiente y producir obras de tal carácter que al final de mis días pueda decir: «¡Sí, es justo ahí adonde la vida artística conduce a un hombre!». Dos de las vidas más perfectas que he encontrado en mi propia experiencia son las de Verlaine y la del Príncipe Kropotkin: ambos hombres que han pasado años en prisión: el primero, el único poeta cristiano desde Dante; el otro, un hombre con un alma de ese hermoso Cristo blanco que parece salir de Rusia. Y durante los últimos siete u ocho meses, a pesar de una sucesión de grandes problemas que me llegan del mundo exterior casi sin intermisión, he estado en contacto directo con un nuevo espíritu que trabaja en esta prisión a través del hombre y de las cosas, que me ha ayudado más allá de cualquier posibilidad de expresión en palabras: de modo que mientras que durante el primer año de mi encarcelamiento no hice otra cosa, y no recuerdo haber hecho otra cosa, que retorcerme las manos en impotente desesperación y decir: «¡Qué final, qué espantoso final!», ahora intento decirme a mí mismo, y a veces, cuando no me estoy torturando, digo real y sinceramente: «¡Qué comienzo, qué maravilloso comienzo!». Puede que realmente sea así, puede que llegue a serlo. Si es así, le deberé mucho a esta nueva personalidad que ha alterado la vida de todos los hombres de este lugar.

Puedes darte cuenta cuando digo que si me hubieran puesto en libertad el pasado mes de mayo, como intenté, habría salido de este lugar aborreciéndolo y aborreciendo a todos los funcionarios que hay en él con una amargura de odio que habría envenenado mi vida. He tenido un año más de encarcelamiento pero la humanidad ha estado en la prisión junto con todos nosotros y ahora, cuando salga, recordaré siempre las grandes amabilidades que he recibido aquí de casi todo el mundo y el día de mi liberación daré las gracias a muchas personas y pediré que me recuerden a su vez.

El estilo carcelario es absoluta y totalmente erróneo. Daría cualquier cosa por poder modificarlo cuando salga. Pienso intentarlo. Pero no hay nada en el mundo tan erróneo sino que el espíritu de la humanidad, que es el espíritu del amor, el espíritu del Cristo que no está en las iglesias, haga que sea, si no correcto, al menos posible de soportar sin demasiada amargura de corazón.

Sé también que fuera me esperan muchas cosas deliciosas, desde lo que San Francisco de Asís llama «mi hermano el viento y mi hermana la lluvia», cosas encantadoras ambas, hasta los escaparates y las puestas de sol de las grandes ciudades. Si hiciera una lista de todo lo que aún me queda, no sé dónde me detendría: porque, en efecto, Dios hizo el mundo tanto para mí como para cualquier otro. Tal vez me vaya con algo que antes no tenía. No necesito decirles que para mí las reformas en moral son tan insignificantes y vulgares como las reformas en teología. Pero mientras que proponerse ser un hombre mejor es un trozo de cantinela acientífica, haberse convertido en un hombre más profundo es el privilegio de los que han sufrido. Y en eso creo que me he convertido.

Si después de ser libre un amigo mío diera un banquete y no me invitara a él, no me importaría lo más mínimo. Puedo ser perfectamente feliz yo solo. Con libertad, flores, libros y la luna, ¿quién no podría ser perfectamente feliz? Además, los banquetes ya no son para mí. He dado demasiados como para preocuparme por ellos. Esa faceta de la vida ha terminado para mí, muy afortunadamente, me atrevo a decir. Pero si después de ser libre un amigo mío tuviera una pena y se negara a permitirme compartirla, lo sentiría con la mayor amargura. Si me cerrara las puertas de la casa del luto, volvería una y otra vez y rogaría que me admitiera, para poder compartir lo que me correspondiera. Si me considerara indigno, no apto para llorar con él, lo sentiría como la humillación más conmovedora, como el modo más terrible en que se me pudiera infligir la desgracia. Pero eso no podría ser. Tengo derecho a compartir el dolor y, aquel que puede contemplar la belleza del mundo y compartir su dolor y darse cuenta en algo de la maravilla de ambos, está en contacto inmediato con las cosas divinas y se ha acercado tanto al secreto de Dios como nadie puede acercarse.

Tal vez pueda llegar también a mi arte, no menos que a mi vida, una nota aún más profunda, de mayor unidad de pasión y franqueza de impulso. El verdadero objetivo del arte moderno no es la amplitud, sino la intensidad. En el arte ya no nos ocupamos del tipo, sino de la excepción. El arte sólo comienza donde termina la imitación, pero algo debe entrar en mi obra, de memoria más plena de palabras tal vez, de cadencias más ricas, de efectos más curiosos, de orden arquitectónico más simple, de alguna cualidad estética en todo caso.

Cuando Marsyas fue «arrancado de la vaina de sus miembros» —*della vagina della membre sue*, por utilizar una de las frases taciteanas más terribles de Dante— ya no tenía canto, decían los griegos. Apolo había sido el vencedor. La lira había vencido a la flauta. Pero quizá los griegos se equivocaron. Oigo en gran parte del arte moderno el grito de Marsyas. Es amargo en Baudelaire, dulce y lastimero en Lamartine, místico en Verlaine. Está en las resoluciones aplazadas de la música de Chopin.

Está en el descontento que atormenta a las mujeres de Burne-Jones. Incluso Matthew Arnold, cuya canción de Calicles relata «el triunfo de la dulce lira persuasiva» y la «famosa victoria final» en una nota tan clara de belleza lírica, tiene no poco de ello; en el turbado trasfondo de duda y angustia que atormenta sus versos, ni Goethe ni Wordsworth pudieron ayudarle, aunque siguió a cada uno por turno, y cuando busca llorar por Thyrsis o cantar al gitano erudito, es la lira la que tiene que tomar para la interpretación de su tensión. Pero tanto si el Fauno Frigio callaba como si no, yo no puedo callar. La expresión es tan necesaria para mí como la hoja y las flores lo son para las ramas negras de los árboles que se asoman por encima de los muros de la prisión y son tan inquietas en el viento. Entre mi arte y el mundo hay ahora un amplio abismo, pero entre el arte y yo no hay ninguno. Espero al menos que no lo haya.

A cada uno de nosotros nos aguardan destinos diferentes. Mi suerte ha sido de infamia pública, de largo encarcelamiento, de miseria, de ruina, de desgracia, pero no soy digno de ello, al menos no todavía. Recuerdo que solía decir que creía que podría soportar una verdadera tragedia, si se me presentaba, con un manto púrpura y una máscara de noble dolor, pero que lo terrible de la modernidad era que ponía a la tragedia el ropaje de la comedia, de modo que las grandes realidades parecían vulgares o grotescas o carentes de estilo. Es bastante cierto sobre la modernidad. Probablemente siempre ha sido cierto sobre la vida real. Se dice que todos los martirios parecían mezquinos al que los miraba. El siglo XIX no es una excepción a la regla.

Todo en mi tragedia ha sido horrendo, mezquino, repelente, falto de estilo; nuestra propia vestimenta nos hace grotescos. Somos los bufones de la pena, payasos con el corazón roto, especialmente diseñados para apelar al sentido del humor. El 13 de noviembre de 1895 me trajeron aquí desde Londres. Desde las dos hasta las dos y media de ese día tuve que permanecer en el andén central de Clapham Junction vestido de presidiario y esposado, para que el mundo me viera. Me habían sacado del pabellón del hospital sin avisarme ni darme un momento. De todos los objetos posibles yo era el más grotesco. Cuando la gente me veía se reía. Cada tren que llegaba aumentaba el público. Nada podía superar su diversión. Eso era, por supuesto, antes de que supieran quién era yo. En cuanto se enteraron se rieron aún más. Durante media hora permanecí allí, bajo la lluvia gris de noviembre, rodeado de una muchedumbre que me abucheaba.

Durante un año, después de que me hicieran eso, lloré todos los días a la misma hora y durante el mismo espacio de tiempo. Eso no es algo tan trágico como posiblemente te parezca. Para los que están en prisión, las lágrimas forman parte de la experiencia de todos los días. Un día en prisión en el que uno no llora es un día en el que su corazón está duro, no un día en el que su corazón está feliz.

Bueno, ahora empiezo a sentir realmente más pena por la gente que se rió que por mí mismo. Por supuesto, cuando me vieron no estaba en mi pedestal, estaba en la picota. Pero es una naturaleza muy poco imaginativa la que sólo se preocupa de la gente en sus pedestales. Un pedestal puede ser algo muy irreal, pero una picota es una realidad terrible. También deberían haber sabido interpretar mejor la pena. He dicho que detrás de la pena siempre hay pena. Sería más sabio aún decir que detrás de la pena siempre hay un alma. Y burlarse de un alma en pena es algo espantoso. En la economía extrañamente simple del mundo la gente sólo recibe lo que da, y a quienes no tienen suficiente imaginación para penetrar en la mera exterioridad de las cosas y sentir piedad, ¿qué piedad se les puede dar salvo la del desprecio?

Escribo este relato sobre el modo en que me trasladaron aquí simplemente para que se comprenda lo difícil que me ha resultado sacar de mi castigo algo que no sea amargura y desesperación. Sin embargo, tengo que hacerlo, y de vez en cuando tengo momentos de sumisión y aceptación. Toda la primavera puede estar oculta en un solo capullo, y el bajo nido de tierra de la alondra puede contener la alegría que ha de anunciar los pies de muchos amaneceres rojos como rosas. Así que tal vez cualquier belleza de la vida que aún me quede esté contenida en algún momento de rendición, menoscabo y humillación. En cualquier caso, sólo puedo seguir las líneas de mi propio desarrollo y, aceptando todo lo que me ha sucedido, hacerme digno de ello.

La gente solía decir de mí que era demasiado individualista. Debo ser mucho más individualista de lo que nunca fui. Debo sacar de mí mismo mucho más de lo que nunca obtuve y pedir al mundo mucho menos de lo que nunca pedí. De hecho, mi ruina no vino de un individualismo en mi vida demasiado grande, sino demasiado pequeño. La única acción vergonzosa, imperdonable y para siempre despreciable de mi vida fue permitirme apelar a la sociedad en busca de ayuda y protección. Haber hecho tal apelación habría sido desde el punto de vista individualista suficientemente malo, pero ¿qué excusa puede esgrimirse jamás para haberla hecho? Por supuesto, una vez que puse en marcha las fuerzas de la sociedad, ésta se volvió contra mí y me dijo: «¿Has estado viviendo todo este tiempo desafiando mis leyes, y ahora apelas a esas leyes en busca de protección? Harás que esas leyes se ejerzan al máximo. Deberás acatar aquello a lo que has apelado». El resultado es que estoy en la cárcel. Ciertamente, ningún hombre ha caído nunca tan innoblemente, y con instrumentos tan innobles, como yo.

El elemento filisteo de la vida no es la incomprensión del arte. Las personas encantadoras, como los pescadores, los pastores, los labradores, los campesinos y similares, no saben nada de arte y son la sal misma de la tierra. El filisteo es el que sostiene y ayuda a las fuerzas pesadas, toscas, ciegas y mecánicas de la sociedad y que no reconoce la fuerza dinámica cuando se encuentra con ella, ya sea en un hombre o en un movimiento.

La gente pensaba que era espantoso por mi parte haber entretenido durante la cena a las cosas malas de la vida y haber encontrado placer en su compañía. Pero desde el punto de vista a través del cual yo, como artista de la vida, me acerco a ellas, eran deliciosamente sugerentes y estimulantes. El peligro era la mitad de la emoción... Mi asunto como artista era Ariel. Me propuse luchar con Calibán...

Un gran amigo mío —un amigo por diez años— vino a verme hace algún tiempo y me dijo que no creía ni una sola palabra de lo que se decía contra mí y deseaba que supiera que me consideraba totalmente inocente y víctima de un horrible complot. Rompí a llorar por lo que me dijo y le dije que, aunque había muchas cosas entre las acusaciones definitivas que eran totalmente falsas y que me habían sido transferidas por una malicia repugnante, aun así mi vida había estado llena de placeres perversos y que, a menos que aceptara eso como un hecho sobre mí y se diera cuenta de ello plenamente, no podría seguir siendo amigo suyo, ni estar nunca en su compañía. Fue un golpe terrible para él, pero somos amigos, y no he conseguido su amistad con falsos pretextos.

Las fuerzas emocionales, como digo en algún lugar en *Intenciones*, son tan limitadas en extensión y duración como las fuerzas de la energía física. La pequeña copa que está hecha para contener tanto, puede contener tanto y no más, aunque todas las cubas púrpuras de Borgoña estén llenas de vino hasta el borde y los pisadores estén hasta las rodillas en las uvas recogidas de los pedregosos viñedos de España. No hay error más común que el de pensar que aquellos que son las causas u ocasiones de las grandes tragedias comparten los sentimientos adecuados al talante trágico: no hay error más fatal que esperarlo de ellos. El mártir en su «camisa de fuego» puede estar mirando el rostro de Dios, pero para el que está amontonando los leños o acomodando los troncos para el fuego toda la escena no es más de lo que la matanza de un buey es para el carnicero, o la tala de un árbol para el carbonero del bosque, o la caída de una flor para el que está segando la hierba con una guadaña. Las grandes pasiones son para los grandes de alma y los grandes acontecimientos sólo pueden ser vistos por quienes están a su altura.

* * * * *

No conozco nada en todo el drama más incomparable desde el punto de vista del arte, nada más sugestivo en su sutileza de observación, que el retrato que Shakespeare hace de Rosencrantz y Guildenstern. Son los amigos del colegio de Hamlet, han sido sus compañeros, traen consigo recuerdos de agradables días juntos. En el momento en que se cruzan con él en la obra, él se tambalea bajo el peso de una carga intolerable para alguien de su temperamento. Los muertos han salido armados de la tumba para imponerle una misión a la vez demasiado grande y demasiado mezquina para él. Es un soñador y se le pide que actúe. Tiene la naturaleza del poeta y se le pide que lidie con la complejidad común de la causa y el efecto, con la vida en su realización práctica, de la que no sabe nada, no con la vida en su esencia ideal, de la que sabe tanto. No puede concebir lo que debe hacer, y su locura consiste en fingir locura. Bruto utilizaba la locura como un manto para ocultar la espada de su propósito, el puñal de su voluntad, pero la locura de Hamlet es una mera máscara para ocultar la debilidad. En la fabricación de fantasías y bromas ve una oportunidad de demora. Sigue jugando con la acción como un artista juega con una teoría. Se hace el espía de sus propias acciones y, al escuchar sus propias palabras, sabe que no son más que «palabras, palabras, palabras». En lugar de intentar ser el héroe de su propia historia, busca ser el espectador de su propia tragedia. Descree de todo, incluso de sí mismo, y sin embargo su duda no le ayuda, pues no procede del escepticismo sino de una voluntad dividida.

De todo esto Guildenstern y Rosencrantz no se dan cuenta de nada. Se inclinan y hacen muecas y sonríen, y de lo que dice uno se hace eco el otro con una entonación enfermiza. Cuando, por fin, mediante la obra dentro de la obra y las marionetas en su devaneo, Hamlet «atrapa la conciencia» del Rey y expulsa aterrorizado de su trono al desdichado, Guildenstern y Rosencrantz no ven en su conducta más que una infracción bastante dolorosa de la etiqueta de la Corte. Eso es lo más lejos que pueden llegar en «la contemplación del espectáculo de la vida con emociones apropiadas». Están cerca de su mismo secreto y no saben nada de él. Tampoco serviría de nada decírselo. Son las pequeñas tazas que pueden contener tanto y no más. Hacia el final se sugiere que, atrapados en una artimaña puesta para otro, se han encontrado, o pueden encontrarse, con una muerte violenta y repentina. Pero un final trágico de este tipo, aunque tocado por el humor de Hamlet con algo de la sorpresa y la justicia de la comedia, en realidad no es para gente como ellos. Ellos nunca mueren. Horacio, que para «informar correctamente sobre Hamlet y su causa a los insatisfechos»,

«Lo ausenta de la felicidad por un tiempo,
Y en este duro mundo dibuja su aliento en el dolor»,

muere, pero Guildenstern y Rosencrantz son tan inmortales como Angelo y Tartufo y deberían estar a su altura. Son lo que la vida moderna ha aportado al antiguo ideal de la amistad. Quien escriba un nuevo *De Amicitia* debe encontrarles un hueco y alabarlos en prosa toscana. Son tipos fijados para siempre. Censurarlos mostraría «falta de aprecio». Simplemente están fuera de su esfera: eso es todo. En la sublimidad del alma no hay contagio. Los pensamientos elevados y las emociones elevadas están aislados por su propia existencia.

* * * * *

Me dejarán en libertad, si todo va bien, hacia finales de mayo, y espero irme enseguida a algún pueblecito costero del extranjero con R... y M...

El mar, como dice Eurípides en una de sus obras sobre Ifigenia, lava las manchas y las heridas del mundo.

Espero estar al menos un mes con mis amigos y ganar paz y equilibrio y un corazón menos atribulado y un humor más dulce. Siento una extraña añoranza por las grandes y sencillas cosas primigenias, como el mar, para mí no menos madre que la Tierra. Me parece que todos miramos demasiado a la Naturaleza y vivimos demasiado poco con ella. Discierno una gran cordura en la actitud griega. Nunca parloteaban sobre las puestas de sol, ni discutían si las sombras sobre la hierba eran realmente malvas o no. Pero veían que el mar era para el nadador y la arena para los pies del corredor. Amaban los árboles por la sombra que proyectaban y el bosque por su silencio a mediodía. El viñador se cubría el cabello con hiedra para protegerse de los rayos del sol cuando se inclinaba sobre los brotes jóvenes y, para el artista y el atleta, los dos tipos que nos dio Grecia, trenzaban con guirnaldas las hojas del laurel amargo y del perejil silvestre, que de otro modo no habrían servido para nada a los hombres.

Llamamos a la nuestra una era utilitaria y desconocemos los usos de cada cosa. Hemos olvidado que el agua puede limpiar y el fuego purificar y que la Tierra es madre de todos nosotros. Como consecuencia, nuestro arte es de la luna y juega con las sombras, mientras que el arte griego es del sol y trata directamente con las cosas. Estoy seguro de que en las fuerzas elementales hay purificación y quiero volver a ellas y vivir en su presencia.

Por supuesto que para alguien tan moderno como yo, *«Enfant de mon siècle»*, el mero hecho de mirar el mundo siempre será encantador. Tiemblo de placer cuando pienso que el mismo día de mi salida de la cárcel tanto el laburno como la lila estarán floreciendo en los jardines, y que veré al viento agitar en inquieta belleza el oro oscilante de uno y hacer que el otro agite el pálido púrpura de sus penachos, de modo que todo el aire será Arabia para mí. Linneo cayó de rodillas y lloró de alegría cuando vio por primera vez el largo brezal de alguna altiplanicie inglesa amarilleado por las leonadas retamas aromáticas del tojo común; y sé que para mí, para quien las flores forman parte del deseo, hay lágrimas esperando en los pétalos de alguna rosa. Siempre ha sido así conmigo desde mi niñez. No hay un solo color escondido en el cáliz de una flor, o en la curva de una concha, al que, por alguna sutil simpatía con el alma misma de las cosas, mi naturaleza no responda. Como Gautier, siempre he sido uno de esos *«pour qui le monde visible existe»*.

Aún así, ahora soy consciente de que detrás de toda esta belleza, por muy satisfactoria que sea, se oculta algún espíritu del que las formas y figuras pintadas no son más que modos de manifestación, y es con este espíritu con el que deseo entrar en armonía. Me he cansado de las expresiones articuladas de los hombres y las cosas. Lo místico en el arte, lo místico en la vida, lo místico en la naturaleza, esto es lo que busco. Es absolutamente necesario que lo encuentre en alguna parte.

Todos los juicios son juicios por la propia vida, así como todas las sentencias son sentencias de muerte; y tres veces he sido juzgado. La primera vez salí del palco para ser arrestado, la segunda para ser conducido de nuevo a la casa de detención, la tercera para pasar a una prisión durante dos años. La sociedad, tal como la hemos constituido, no tendrá lugar para mí, no tiene nada que ofrecer; pero la Naturaleza, cuyas dulces lluvias caen sobre injustos y justos por igual, tendrá hendiduras en las rocas donde pueda esconderme y valles secretos en cuyo silencio pueda llorar sin ser molestado. Ella colgará la noche con estrellas para que pueda caminar en la oscuridad sin tropezar y enviará el viento sobre mis huellas para que nadie pueda rastrearme y hacerme daño: ella me limpiará en grandes aguas y con hierbas amargas me curará.

LA BALADA DE LA CÁRCEL DE READING

IN MEMORIAM
C. T. W.
ALGUNA VEZ SOLDADO DE LA GUARDIA REAL A CABALLO.
OBIIT PRISIÓN DE SU MAJESTAD EN READING, BERKSHIRE,
7 DE JULIO DE 1896

I

Él no llevaba su capa escarlata,
porque la sangre y el vino son rojos
y sangre y vino había en sus manos
cuando lo encontraron con la muerta,
la pobre muerta a quien amaba
y asesinó en su cama.

Caminaba entre los reos
con un traje gris raído y
una gorra de cricket en la cabeza
y su paso parecía ligero y alegre;
pero nunca vi a un hombre que mirara
con tanta avidez al día.

Nunca vi a un hombre que mirara
con ojos tan ávidos
a ese pequeño toldo azul
que los prisioneros llaman cielo,
y a cada nube a la deriva que pasaba
con velas de plata.

Yo caminaba, con otras almas en pena
dentro de la ronda
y me preguntaba si el hombre había hecho
algo grande o pequeño,
cuando una voz me susurró a la espalda,
«ese tipo tiene que columpiarse».

¡Querido Cristo! los propios muros de la prisión
de repente parecieron tambalearse,
y el cielo sobre mi cabeza se volvió
un casco de acero abrasador;
y, aunque yo era un alma en pena
no podía sentir mi dolor.

Sólo sabía qué pensamiento lo perseguía y
aceleraba su paso, y por qué
miraba el día chillón
con ojos tan ávidos;
el hombre había matado lo que amaba
y por eso debía morir.

§

Aunque cada hombre mata lo que ama,
que cada uno lo oiga,
algunos lo hacen con una mirada amarga,
otros con una palabra halagadora,
el cobarde lo hace con un beso,
¡el valiente con una espada!

Algunos matan a su amor cuando son jóvenes,
y algunos cuando son viejos;
algunos estrangulan con las manos de la Lujuria,
algunos con las manos del Oro:
los más bondadosos usan un cuchillo, porque
así los muertos se enfrían pronto.

Unos aman demasiado poco, otros demasiado tiempo
unos venden y otros compran;
unos lo hacen con muchas lágrimas,
y otros sin un suspiro:
porque cada hombre mata lo que ama,
pero no muere cada hombre.

§

No muere una muerte de vergüenza
en un día de oscura desgracia,
ni tiene una soga alrededor del cuello,
ni un paño sobre el rostro,
ni cae con los pies por delante, a través del suelo,
en un espacio vacío.

No se sienta con hombres silenciosos
que lo vigilan noche y día;
que lo vigilan cuando trata de llorar
y cuando trata de rezar;
que lo vigilan para que él mismo no robe
la presa a la prisión.

No se despierta al amanecer para ver
figuras de espanto en su habitación,
el capellán tembloroso vestido de blanco,
el comisario severo y melancólico
y el gobernador de negro reluciente,
con el rostro amarillo de la Perdición.

No se levanta con lastimera prisa
para ponerse su ropa de convicto,
mientras algún Doctor de boca grosera se regodea y anota
cada nueva y nerviosa pose,
manoseando un reloj cuyos pequeños tics
son horribles martillazos.

No conoce esa sed nauseabunda
que le abrasa a uno la garganta, antes de que
el verdugo con sus guantes de jardinero
se cuele por la puerta acolchada
y le ate a uno con tres correas de cuero
para que la garganta no tenga más sed.

No inclina la cabeza para oír
la lectura del Oficio de Difuntos
ni, mientras el terror de su alma
le dice que no está muerto,
cruza su propio ataúd mientras avanza
hacia el horrible cobertizo.

No contempla el aire
a través de un pequeño techo de cristal:
no reza con labios de arcilla
para que pase su agonía;
ni siente sobre su mejilla estremecida
el beso de Caifás.

II

Seis semanas anduvo por el patio nuestro soldado,
con un traje gris raído:
su gorra de cricket estaba en su cabeza
y su paso parecía ligero y alegre
pero nunca vi a un hombre que mirara
con tanta avidez al día.

Nunca vi a un hombre que mirara
con ojos tan ávidos
a ese pequeño toldo azul
que los prisioneros llaman cielo,
y a cada nube errante que se arrastraba
con sus vellones enmarañados.

No se retorcía las manos como hacen
esos hombres insensatos que se atreven
a intentar criar a la cambiante Esperanza
en la cueva de la negra Desesperación:
él sólo miraba al sol
y bebía el aire de la mañana.

No se retorcía las manos, ni lloraba,
ni se quejaba, ni suspiraba,
sino que bebía el aire como si contuviera
algún saludable calmante;
¡con la boca abierta bebía el sol
como si fuera vino!

Y yo y todas las almas en pena,
que recorríamos la otra ronda,
olvidamos si nosotros mismos habíamos hecho
algo grande o pequeño
y observamos con mirada de triste asombro
al hombre que tenía que columpiarse.

Y extraño era verle pasar
con un paso tan ligero y alegre
y extraño era verle mirar
con tanta avidez al día
y extraño era pensar que tenía
tal deuda por pagar.

§

Pues el roble y el olmo tienen hojas agradables
que en primavera brotan:
pero sombrío de ver es el árbol de la horca,
con su raíz mordida por la víbora,
y, verde o seco, ¡un hombre debe morir
antes de que dé su fruto!

Lo más elevado es ese lugar de gracia
al que todos los mundanos intentan llegar:
pero, ¿quién se pondría de pie en una banda de cáñamo,
sobre un alto cadalso,
y a través del dogal de asesino echar
su última mirada al cielo?

Es dulce bailar a los violines
cuando el Amor y la Vida son justos:
 ailar al son de flautas, bailar al son de laúdes
es delicado y raro:
¡pero no es dulce, con pies ágiles,
bailar sobre el aire!

Así que, con ojos curiosos y conjeturas enfermizas,
le observamos día a día
y nos preguntamos si cada uno
acabaría del mismo modo,
pues nadie puede saber a qué rojo infierno
puede extraviarse su alma ciega.

§

Al fin el hombre muerto no caminó más
entre los reos
y supe que estaba de pie
en la espantosa celda del negro banquillo
y que yo nunca volvería a ver su rostro
en el dulce mundo de Dios.

Como dos barcos condenados que pasan en la tormenta
nos habíamos cruzado en el camino:
pero no hicimos señal, no dijimos palabra,
no teníamos palabra que decir;
porque no nos encontramos en la noche santa
sino en el día vergonzoso.

Un muro de prisión nos rodeaba a ambos,
dos hombres desterrados éramos:
el mundo nos había apartado de su corazón
y Dios de su cuidado:
y el cepo de hierro que espera al Pecado
nos atrapó en su trampa.

III

En el patio de los deudores las piedras son duras
y el muro que gotea está alto,
así que fue allí donde él tomó aire
bajo el cielo plomizo
y a cada lado caminaba un guardia,
de miedo a que el hombre muriera.

O bien se sentaba con aquellos que vigilaban
su angustia noche y día;
que lo vigilaban cuando se levantaba a llorar
y cuando se agachaba a rezar,
que lo vigilaban para que no se robara
su presa al cadalso.

El Gobernador se mostró firme sobre
el reglamento:
el Doctor decía que la Muerte no era sino
un hecho científico:
y dos veces al día el Capellán visitaba
y dejaba un pequeño tratado.

Y dos veces al día fumaba su pipa
y bebía su litro de cerveza:
su alma estaba decidida y no guardaba
ningún escondite para el miedo;
él a menudo decía que se alegraba
que las manos del verdugo se acercaran.

Pero por qué dijo una cosa tan extraña
ningún guardia se atrevió a preguntar:
porque aquel a quien el destino de guardián
le es dado como tarea
debe poner un candado en sus labios,
y hacer de su rostro una máscara.

O bien podría conmoverse y tratar
de consolar o reconfortar:
¿y qué podía hacer la piedad humana
encerrada en el cubil del asesino?,
¿qué palabra de gracia en tal lugar
podría ayudar al alma de un hermano?

§

Con la cabeza baja y el balanceo en la ronda
¡recorrimos el Desfile de los Tontos!
No nos importaba: sabíamos que éramos
la Brigada del Diablo:
y la cabeza rapada y los pies de plomo
conforman una alegre mascarada.

Sacábamos las hebras de la cuerda alquitranada
con clavos romos y sangrantes;
frotamos las puertas y fregamos los suelos
y limpiamos los relucientes raíles:
y, fila a fila, enjabonamos el tablón
y hacíamos ruidos con los cubos.

Cosimos los sacos, quebramos las piedras,
hicimos girar el polvoriento taladro:
golpeamos las latas y berreamos los himnos
y sudamos en el molino:
pero en el corazón de cada hombre
el Terror yacía inmóvil.

Tan silencioso yacía que cada día
se arrastraba como una ola atascada de maleza:
y olvidamos la amarga suerte
que aguarda a tontos y bribones,
hasta que una vez, al volver del trabajo,
pasamos junto a una tumba abierta.

Con la boca bostezando el agujero amarillo
reclamaba algo vivo;
el barro mismo pidió sangre
al sediento patio de asfalto:
y sabíamos que, antes de que haya otro hermoso amanecer
algún prisionero tenía que columpiarse.

Entramos, con el alma absorta
en la Muerte y el Pavor y la Perdición:
el verdugo, con su pequeña bolsa,
avanzó arrastrando los pies por la penumbra:
y cada hombre temblaba mientras se arrastraba
hacia su tumba numerada.

§

Aquella noche los pasillos vacíos
estaban llenos de formas de Miedo
y arriba y abajo de la ciudad de hierro
pisaban pies que no podíamos oír
y a través de los barrotes que ocultan las estrellas
rostros blancos parecían asomarse.

Yacía como quien se acuesta y sueña
en un agradable prado,
los vigilantes le observaban mientras dormía
y no podían entender
cómo se podía dormir un sueño tan dulce
con un verdugo cerca.

Pero no hay sueño cuando deben llorar los hombres
que nunca aún han llorado:
Así que nosotros —el tonto, el farsante, el bribón—
esa vigilia interminable mantuvimos
y a través de cada cerebro, en manos de dolor,
el terror de cada uno se arrastró.

§

¡Ay! es una cosa temible
sentir la culpa de otro,
porque, justo dentro, la espada del Pecado
atravesó hasta su empuñadura envenenada
y como plomo fundido fueron las lágrimas que derramamos
por la sangre que no habíamos vertido.

Los guardias con sus zapatos de fieltro
se arrastraban junto a cada puerta cerrada con candado
y espiaban y veían, con ojos de asombro,
figuras grises en el suelo
y se preguntaban por qué se arrodillaban a rezar hombres
que nunca antes habían rezado.

Durante toda la noche nos arrodillamos y rezamos,
¡locos dolientes de un cadáver!
Los atribulados penachos de medianoche fueron
los penachos sobre un coche fúnebre:
y el vino amargo sobre una esponja
era el sabor del Remordimiento.

§

El gallo gris cantó, el gallo rojo cantó,
pero nunca llegó el día:
y torcidas formas de Terror se agazapaban
en los rincones donde yacíamos:
y los espíritus malignos que caminan de noche
ante nosotros parecían jugar.

Pasaron deslizándose, se deslizaron rápido,
como viajeros a través de la niebla:
se burlaron de la luna en un rigodón
de delicados giros y torsiones
y con paso formal y gracia repugnante
los fantasmas mantuvieron su cita.

Con fregona y segadora, los vimos marchar,
esbeltas sombras, de la mano:
Alrededor, alrededor, en fantasmal hilera
bailaban una zarabanda:
¡y los malditos, grotescos, hacían arabescos,
como el viento sobre la arena!

Con las piruetas de las marionetas
tropezaron con pisadas puntiagudas:
pero con flautas de Miedo llenaban el oído,
mientras conducían su espeluznante mascarada,
y alto cantaban y sin parar cantaban,
pues cantaban para despertar a los muertos.

«¡Yuhu!», gritaban, *«¡El mundo es ancho*
pero los miembros encadenados van cojos!
Y una vez, o dos, tirar los dados
es un juego de caballeros,
pero no gana quien juega con el Pecado
en la secreta Casa de la Vergüenza».

§

No eran seres del aire estos saltimbanquis
que retozaban con tal regocijo:
para los hombres cuyas vidas estaban en grilletes
y cuyos pies no podrían ir libres,
¡ah, heridas de Cristo!, eran cosas vivas,
las más terribles de ver.

Alrededor, alrededor, bailaban el vals y daban vueltas;
algunos giraban en parejas sonrientes;
con el paso torpe de una mujer de quién se duda,
algunos subían de reojo las escaleras:
y con sutil sorna y aduladora mirada de soslayo
cada uno nos ayudó en nuestras oraciones.

§

El viento de la mañana comenzó a gemir
pero aún así continuó la noche:
a través de su telar gigante la telaraña de la penumbra
se arrastró hasta hilar cada hilo:
y, mientras rezábamos, crecía nuestro miedo
a la Justicia del Sol.

El viento gimiente vagaba alrededor
del muro de la prisión llorosa:
hasta que como una rueda de acero giratoria
sentimos los minutos arrastrarse:
¡Oh, viento gimiente! ¿Qué habíamos hecho
para tener semejante senescal?

Por fin vi los barrotes ensombrecidos,
como una celosía forjada de plomo,
moverse a través de la pared blanqueada
que daba a mi cama de tres tablas
y supe que en algún lugar del mundo
el espantoso amanecer de Dios era rojo.

§

A las seis limpiamos nuestras celdas,
a las siete todo estaba quieto,
pero del susurro y del balanceo de un ala poderosa
la prisión parecía llenarse,
pues el Señor de la Muerte con aliento helado
había entrado a matar.

No pasó en pompa púrpura,
ni montó un corcel blanco como la luna.
Tres yardas de cuerda y una tabla corrediza
es todo lo que necesita la horca:
así que con la cuerda de la vergüenza el Heraldo vino
a realizar la hazaña secreta.

§

Éramos como hombres que a través de un pantano
de inmunda oscuridad van a tientas:
no nos atrevíamos a exhalar una plegaria
ni a dar alcance a nuestra angustia:
algo estaba muerto en cada uno de nosotros
y lo que estaba muerto era la Esperanza.

Pues la sombría Justicia del Hombre sigue su camino
y no se desviará:
mata al débil, mata al fuerte,
tiene una zancada mortal:
con talón de hierro mata al fuerte,
¡el monstruoso parricida!

§

Esperamos a que dieran las ocho:
cada lengua estaba espesa de sed:
porque el golpe de las ocho es el golpe del Destino
que hace maldito a un hombre,
y el Destino usará un lazo corredizo
para el mejor hombre y el peor.

No teníamos otra cosa que hacer,
salvo esperar a que llegara la señal:
así que, como cosas de piedra en un valle solitario,
callados y mudos nos sentamos:
pero el corazón de cada hombre latía grave y rápido,
¡como un loco sobre un tambor!

§

Con súbita sacudida el reloj de la prisión
golpeó el aire tembloroso
y de toda la cárcel se elevó un gemido
de impotente desesperación,
como el sonido que los pantanos asustados oyen
de algún leproso en su guarida.

Y, como se ven las cosas más temibles
en el cristal de un sueño,
vimos la grasienta cuerda de cáñamo
enganchada a la viga ennegrecida
y oímos la plegaria que el lazo del verdugo
estranguló en un grito.

Y toda la aflicción que lo conmovió tanto,
que le hizo dar el grito amargo,
y los remordimientos salvajes, y los sudores sangrientos,
nadie los supo tan bien como yo:
porque quien vive más de una vida
más de una muerte debe morir.

IV

No se celebran oficios el día
en que cuelgan a un hombre:
el corazón del capellán está demasiado enfermo
o su rostro está demasiado pálido
o hay algo escrito en sus ojos
que nadie debería mirar.

Así que nos encerraron hasta casi el mediodía
y entonces tocaron la campana
y los guardianes con sus llaves tintineantes
abrieron cada celda a la espera
y por la escalera de hierro bajamos,
cada uno desde su Infierno separado.

Salimos al dulce aire de Dios
pero no de la manera acostumbrada,
porque el rostro de este hombre estaba blanco de miedo
y el rostro de aquel hombre estaba gris
y nunca vi hombres tristes que miraran
con tanta avidez al día.

Nunca vi hombres tristes que miraran
con ojos tan ávidos
a ese pequeño toldo azul
que nosotros, los prisioneros, llamamos cielo
y a cada nube que pasaba con descuido
en feliz libertad.

Pero había entre todos nosotros
quienes caminaban con la cabeza gacha
y sabían que, de haber recibido cada uno lo suyo,
ellos deberían haber muerto en su lugar:
él sólo había matado una cosa que vivía,
mientras que ellos habían matado a los muertos.

Porque el que peca por segunda vez
despierta al dolor a un alma muerta
y la saca de su manchada mortaja
y la hace sangrar de nuevo
y la hace sangrar grandes borbotones de sangre
y la hace sangrar en vano.

§

Como simios o payasos, con atuendos monstruosos,
con flechas torcidas estrelladas,
en silencio dimos vueltas y vueltas
al resbaladizo patio de asfalto;
en silencio dimos vueltas y vueltas
y ningún hombre dijo una palabra.

Silenciosamente dimos vueltas y vueltas
y, a través de cada mente hueca,
el recuerdo de cosas espantosas
corrió como un viento espantoso
y el Horror acechó delante de cada hombre
y el Terror se arrastró por detrás.

§

Los vigilantes se pavoneaban arriba y abajo
y custodiaban su manada de brutos,
sus uniformes estaban impecables
y llevaban sus trajes de domingo,
pero sabíamos el trabajo que habían hecho
por la cal viva de sus botas.

Pues donde había abierta una tumba de par en par,
no había tumba alguna:
sólo una extensión de barro y arena
junto al horrible muro de la prisión
y un pequeño montón de cal ardiente,
para que aquel hombre tuviera su sudario.

Porque él tiene un sudario, este hombre desdichado,
Tal como pocos hombres pueden reclamar:
¡En las profundidades de una prisión,
desnudo, para mayor vergüenza,
yace, con grilletes en cada pie,
envuelto en una sábana de llamas!

Y todo el tiempo la cal ardiente
come la carne y el hueso,
come el hueso quebradizo de noche,
y la carne blanda de día,
come la carne y el hueso por turnos,
pero come el corazón siempre.

§

Por tres largos años no sembrarán
allí ni raíz ni plantín:
Por tres largos años el lugar no bendecido
será estéril y estará desnudo
y mirará al cielo maravillado
con mirada irreprochable.

Piensan que el corazón de un asesino manchará
cada simple semilla que siembran.
¡No es verdad! La bondadosa tierra de Dios
es más bondadosa de lo que los hombres saben
y la rosa roja sólo brotaría más roja,
la rosa blanca brotaría más blanca.

¡De su boca una rosa roja, roja!
¡De su corazón una blanca!
Porque, ¿quién puede decir por cuál extraño camino,
Cristo saca a la luz su voluntad,
dado que el estéril bastón que llevaba el peregrino
floreció a la vista del gran Papa?

§

Pero ni rosa blanca como la leche ni roja
pueden florecer en el aire de la prisión;
el cascote, el guijarro y el pedernal
son lo que nos dan allí:
porque se sabe que las flores curan
la desesperación de un hombre común.

Así que nunca rosa roja como el vino, o blanca,
pétalo a pétalo caerá
sobre esa extensión de barro y arena que yace
junto al horrible muro de la prisión,
para decir a los hombres que deambulan por el patio
que el Hijo de Dios murió por todos.

§

Sin embargo, aunque el horrible muro de la prisión
todavía lo rodea y lo rodea
y un espíritu no puede caminar por la noche
si tiene los grilletes atados
y un espíritu no puede sino llorar si yace
en un suelo tan impío.

Está en paz —este desdichado hombre—,
en paz, o lo estará pronto:
no hay nada que le haga enloquecer,
ni el Terror camina al mediodía,
pues la Tierra sin lágrimas en la que yace
no tiene Sol o Luna.

§

Lo ahorcaron como se ahorca a una bestia:
ni siquiera tocaron
un réquiem que pudiera traer
descanso a su alma sobresaltada,
sino que con prisa lo sacaron
y lo escondieron en un agujero.

Le despojaron de sus ropas de lona
y se las entregaron a las moscas:
se burlaron de la hinchada garganta púrpura
y de los ojos descarnados y fijos:
y con sonoras carcajadas amontonaron el sudario
en que yace su convicto.

El Capellán no se arrodillaría a rezar
junto a su tumba deshonrada:
ni a marcarla con esa bendita Cruz
que Cristo por los pecadores dio,
porque el hombre era uno de aquellos
a quienes Cristo descendió a salvar.

Sin embargo, todo está bien; no ha hecho más que pasar
al camino señalado de la vida:
y lágrimas ajenas llenarán por él
la urna rota de piedad,
porque sus dolientes serán hombres marginados
y los marginados siempre lloran.

V

No sé si las Leyes están bien,
o si las Leyes están mal;
todo lo que sabemos quienes yacemos en la cárcel
es que el muro es fuerte
y que cada día es como un año,
un año cuyos días son largos.

Pero esto sé, que cada Ley
que los hombres han hecho para el Hombre,
desde que el primer Hombre tomó la vida de su hermano
y el triste mundo comenzó,
no hace sino rechazar el trigo y guardar la paja
con un perverso cedazo.

Esto también sé —y sabio sería
si cada uno pudiera saberlo—:
que cada prisión que los hombres construyen
está construida con ladrillos de vergüenza
y cercada con barrotes para que Cristo no vea
cómo mutilan a los hombres sus hermanos.

Con barrotes empañan la graciosa luna
y ciegan el bondadoso sol:
y hacen bien en ocultar su Infierno,
¡pues en él se hacen cosas
que ni el Hijo de Dios, ni el Hijo del Hombre
deberían ver jamás!

§

Las acciones más viles, como malas hierbas venenosas,
florecen bien en el aire de la prisión:
es sólo lo que hay de bueno en el Hombre
lo que allí se desperdicia y marchita:
la pálida Angustia guarda la pesada puerta,
y el Guarda es la Desesperación.

Porque matan de hambre al pequeño niño asustado
hasta que llora noche y día:
y azotan al débil y azotan al tonto
y azotan al viejo y canoso
y algunos se vuelven locos y todos se vuelven malos
y ninguno puede decir una palabra.

Cada estrecha celda en la que moramos
es una letrina fétida y oscura
y el fétido aliento de la Muerte viviente
ahoga cada rejilla
y todo, excepto la Lujuria, se convierte en polvo
en la máquina de la Humanidad.

El agua salobre que bebemos
brota con un limo repugnante
y el pan amargo que pesan en balanzas
está lleno de tiza y cal
y el Sueño no se acuesta, sino que camina
con los ojos salvajes y grita al Tiempo.

§

Pero aunque el magro Hambre y la verde Sed
como el áspid con la víbora luchan,
poco nos importa la comida de la prisión,
pues lo que hiela y mata rotundamente
es que cada piedra que uno levanta de día
se convierte en su corazón de noche.

Con la medianoche siempre en el corazón
y el crepúsculo en la celda
giramos la manivela, o desgarramos la soga,
cada uno en su Infierno separado
y el silencio es de lejos más horrible
que el sonido de una campana de bronce.

Y nunca una voz humana se acerca
para decir una palabra gentil:
y el ojo que mira a través de la puerta
es despiadado y duro:
y por todos olvidados, nos pudrimos y nos pudrimos,
con el alma y el cuerpo estropeados.

Y así oxidamos la cadena de hierro de la Vida
degradados y solos:
y algunos hombres maldicen y algunos hombres lloran
y algunos hombres no emiten gemido:
pero las Leyes eternas de Dios son bondadosas
y rompen el corazón de piedra.

§

Y cada corazón humano que se rompe
en la celda de la prisión o en el patio
es como ese cofre roto que dio
su tesoro al Señor
y llenó la casa del leproso impuro
con el aroma del nardo más costoso.

¡Ah, felices aquellos cuyos corazones pueden quebrarse
y ganar la paz del perdón!
¿De qué otro modo puede el hombre realizar su plan
y limpiar su alma del Pecado?
¿De qué otra manera sino con un corazón quebrantado
puede entrar Cristo el Señor?

Y aquél con la garganta púrpura e hinchada
y los ojos descarnados y fijos
espera las manos santas que llevaron
al Ladrón al Paraíso;
y un corazón quebrantado y contrito
el Señor no despreciará.

El hombre de rojo que lee la Ley
le dio tres semanas de vida,
tres pequeñas semanas en las que curar
su alma de la lucha con su alma
y limpiar de toda mancha de sangre
la mano que sostenía el cuchillo.

Y con lágrimas de sangre limpió la mano,
la mano que sostenía el acero:
porque sólo la sangre puede limpiar la sangre
y sólo las lágrimas pueden curar:
y la mancha carmesí que era de Caín
se convirtió en el sello blanco como la nieve de Cristo.

VI

En la cárcel de Reading, en la ciudad de Reading,
hay una fosa de vergüenza
y en ella yace un desdichado,
comido por los dientes de las llamas,
en una sábana ardiente yace
y su tumba no tiene nombre.

Y allí, hasta que Cristo llame a los muertos,
en silencio déjalo yacer:
no hay necesidad de gastar la lágrima tonta,
o lanzar el suspiro como viento:
el hombre había matado lo que amaba,
y por eso debía morir.

Y todos los hombres matan lo que aman,
que todos lo oigan,
algunos lo hacen con una mirada amarga,
otros con una palabra halagadora,
el cobarde lo hace con un beso,
¡el valiente con una espada!

Rosetta Edu

CLÁSICOS EN ESPAÑOL

Esperamos que haya disfrutado esta lectura. ¿Quiere leer otra obra de nuestra colección de *Clásicos en español*?

En nuestro Club del Libro encontrarás artículos relacionados con los libros que publicamos y la literatura en general. ¡Suscríbete en nuestra página web y te ofrecemos un ebook gratis por mes!

Recibe tu copia totalmente gratuita de nuestro *Club del libro* en rosettaedu.com/pages/club-del-libro

Rosetta Edu

CLÁSICOS EN ESPAÑOL

Una habitación propia se estableció desde su publicación como uno de los libros fundamentales del feminismo. Basado en dos conferencias pronunciadas por Virginia Woolf en colleges para mujeres y ampliado luego por la autora, el texto es un testamento visionario, donde tópicos característicos del feminismo por casi un siglo son expuestos con claridad tal vez por primera vez.

Oscar Wilde escribe una sola novela, *El retrato de Dorian Gray*; ésta fue el objeto de una crítica moralizante mordaz por parte de sus contemporáneos que no pudieron ver que dentro de una trama perfectamente compuesta se escondía toda la tragedia del romanticismo. Cien años después no ha perdido su impacto original y sigue siendo un texto fundamental para los debates sobre la estética y la moral.

Otra vuelta de tuerca es una de las novelas de terror más difundidas en la literatura universal y cuenta una historia absorbente, siguiendo a una institutriz a cargo de dos niños en una gran mansión en la campiña inglesa que parece estar embrujada. Los detalles de la descripción y la narración en primera persona van conformando un mundo que puede inspirar genuino terror.

rosettaedu.com

Rosetta Edu

EDICIONES BILINGÜES

En una atmósfera constante de misterio y amenaza, *El corazón de las tinieblas* narra el peligroso viaje de Marlow por un río (sin duda el Congo aunque no es nombrado en el relato) africano. Lo que el marino puede observar en su viaje le horroriza, le deja perplejo, y pone en tela de juicio las bases mismas de la civilización y la naturaleza humana.

Durante décadas, y acercándose a su centenario, *El gran Gatsby* ha sido considerada una obra maestra de la literatura y candidata al título de «Gran novela americana» por su dominio al mostrar la pura identidad americana junto a un estilo distinto y maduro. La edición bilingüe permite apreciar los detalles del texto original y constituye un paso obligado para aprender el inglés en profundidad.

En *La señora Dalloway* Virginia Woolf relata un día en la vida de Clarissa Dalloway, una señora de la clase alta casada con un miembro del parlamento inglés, y de un ex-combatiente que lucha contra su enfermedad mental. La innovación de la novela es la corriente de consciencia: Woolf sigue el pensamiento de cada personaje, siendo excelente a la hora de narrar emociones, asociaciones y sentimientos.

Printed in Great Britain
by Amazon

33222186R00047